Das große
KALIMBA
Weihnachtslieder-Buch

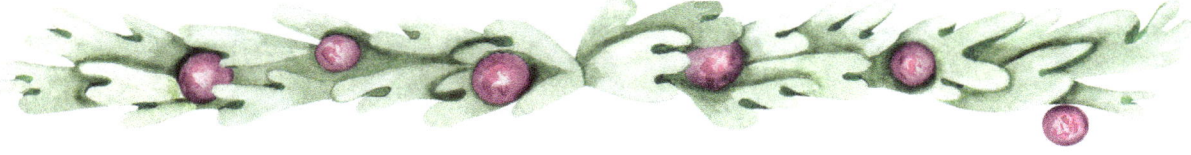

Arrangements
Auralie

Layout Noten / Songbook
Claudia Groß

Impressum

Arrangements	© 2023 AURALIE www.claudia-gross.com
Texte, Layout, Design, Cover	© 2023 Claudia Groß (AURALIE)
Verantwortlich für den Inhalt:	Claudia Groß (AURALIE) Gimborner Weg 24 | 51061 Köln claudia-gross@outlook.com www.claudia-gross.com
Veröffentlichung:	12.11.2023
ISBN:	9798867466855 Independently published

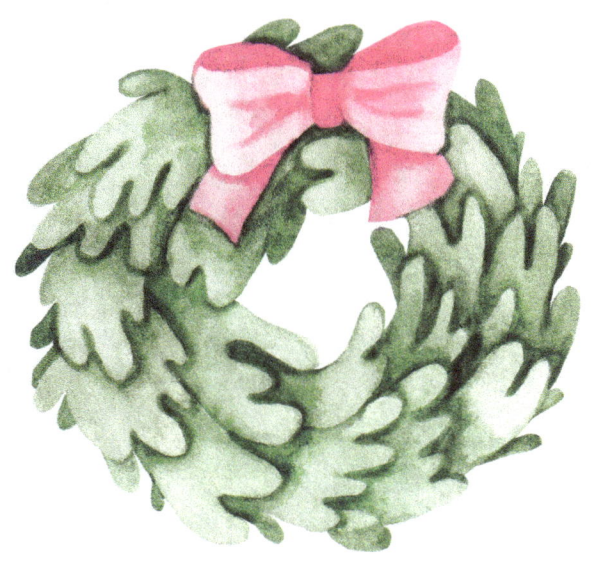

Es muss von Herzen kommen,
was auf Herzen wirken soll.

Johann Wolfgang von Goethe

...und musizieren kommt von Herzen!

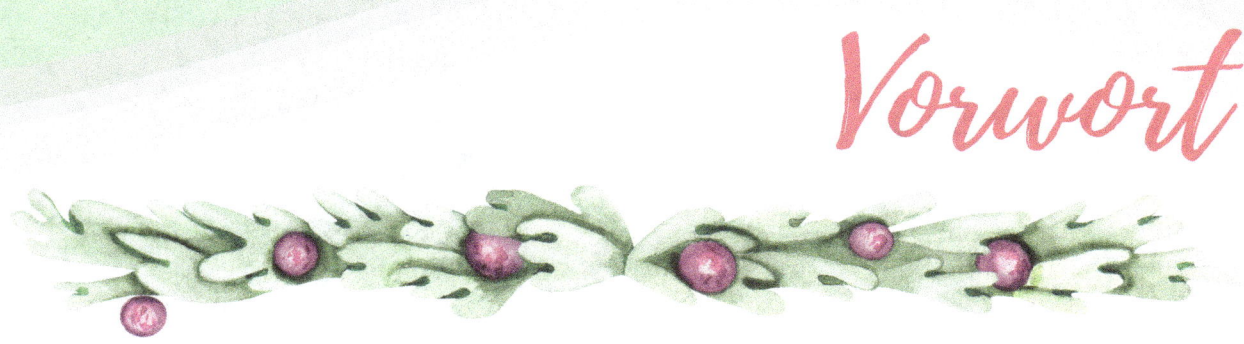

Hallo liebe Freundin und lieber Freund der Musik,

vielen lieben Dank, dass Du Dich für mein Notenbuch entschieden hast und mit meinen Arrangements die Kalimba spielen möchtest.

Ich habe mich in diesem Buch für die persönliche Anrede "Du" entschieden, da ich Musik für etwas sehr Verbindendes halte. Ich hoffe, es ist okay für Dich?

Mein Name ist Claudia Groß, ich bin klassisch ausgebildete Sängerin und auch unter dem Namen AURALIE als Singer/Songwriter unterwegs. Ich brenne unglaublich für die Musik.

Das Arrangieren von Musik macht mir ganz viel Spaß und mit großer Begeisterung schreibe ich an meinen Notenbüchern. Ich hoffe so sehr, dass Dir das Spielen meiner Arrangements so viel Freude bereitet wie mir das Arrangieren. Das große Kalimba-Weihnachtsliederbuch kannst du wunderbar als Anfänger spielen, indem du nur die Melodiestimme spielst, Du kannst aber dich aber auch mit der Begleitstimme selber begleiten. Dies gibt ein richtig schönes und volles Klangerlebnis.

Ich wünsche Dir ganz viel Spaß mit der Musik auf Deiner Kalimba und natürlich eine wunderschöne Advents- und Weihnachtszeit!

Ganz liebe Grüße und viel Spaß,
Deine

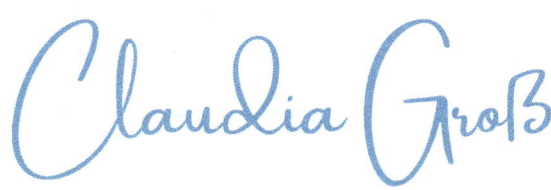

PS: Gefällt Dir mein Notenbuch? Dann würde ich mich sehr über eine Rezension von Dir freuen!

Inhalt

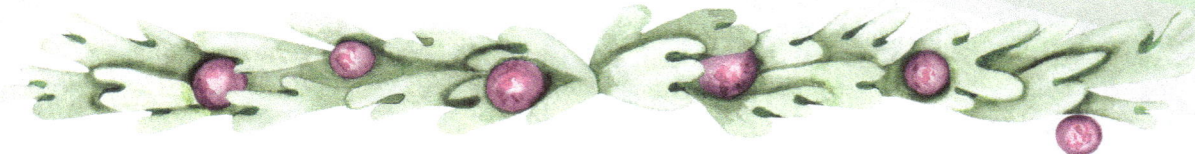

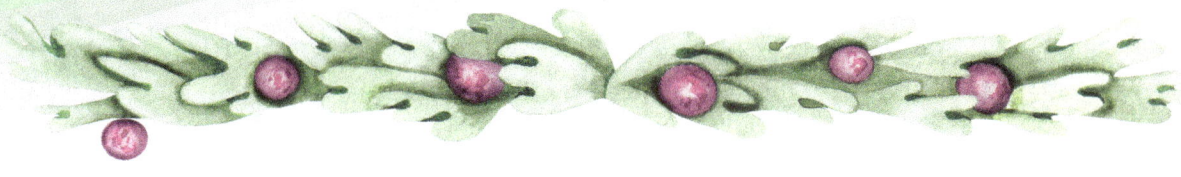

Inhalt	Seite

Zu guter letzt

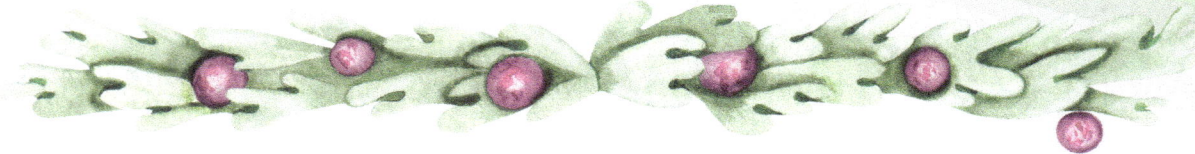

Aufbau der Kalimba

Verschiedene Kalimbas

Die Kalimba ist ein wunderbares Instrument, handlich, leicht und einfach zu spielen. Ursprünglich stammt das Instrument aus Afrika und hat schon lange den Weg in die ganze (Musik-)Welt geschafft. Hierzulande nennt man das Instrument auch Daumen- oder auch Taschenklavier. Es gibt ganz unterschiedliche Kalimbas, in verschiedenen Materialien und Größen. Am gängigsten ist die diatonische Kalimba aus Holz mit 17 oder 21 Tönen, es gibt kleine Varianten schon mit 5 oder 8 Tönen und dann gibt es noch die chromatischen Kalimbas mit z.B. 36 Tönen.

Es gibt die diatonischen Instrumente auch in unterschiedliche Tonarten. Das bedeutet: Sie hat nur Töne einer Tonart. Bei einer C-Dur-Kalimba wäre das: c-d-e-f-g-a-h. Du kannst alle Noten aber auch mit einer D-Dur-Kalimba spielen. Wichtig ist, dass deine Kalimba in Dur gestimmt ist. Welche du klanglich lieber magst, entscheidest du beim Kauf.

Die meisten Kalimbas, die angeboten werden, sind in der Tonart C-Dur. Für das spielen mit diesen Noten spielt es aber keine Rolle, welche Tonart deine Kalimba hat, denn die Zahlen auf den Zungen werden nach den Tonstufen vergeben. Die "1" ist also auf jeder Kalimba der Grundton der Tonart, in der sie gestimmt ist.

Die meisten Stücke kannst du natürlich mit einer Kalimba spielen, die viele Töne hat. Die Lieder in diesem Buch sind für Kalimbas ab 17 Tönen geschrieben.

Diatonisch:
Die Töne des Instrumentes sind alle von einer Tonart.

Chromatisch
Alle Töne sind auf dem Instrument vorhanden.

Fehlt dir einmal ein Ton auf deiner Kalimba, kannst du die gleiche Zahl / Note eine Oktave höher bzw. tiefer anspielen.

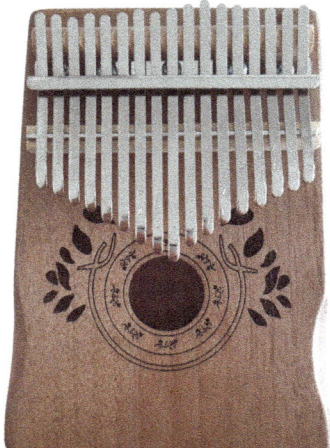

Kalimba mit 17 Zungen

Auf den Zungen einer Kalimba stehen Zahlen. Dabei ist die 1 immer der Grundton der Tonart, bei unserem Beispiel der C-Dur-Kalimba wäre die 1 also die Note C.

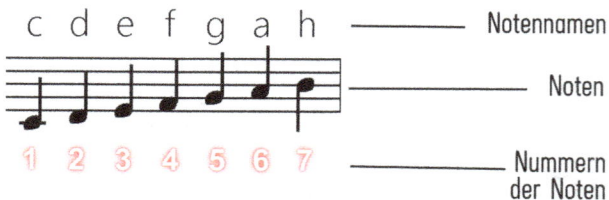

Aufbau der Kalimba

Die Kalimba heißt zwar Taschenklavier, aber die Zungen sind nicht aufgebaut wie bei einer Klaviatur. Bei einem Klavier werden die Töne von links nach rechts immer höher, das heißt, ganz links ist der tiefste Ton. Bei der Kalimba sind die Töne von der Mitte ausgehend angelegt, sie werden zur Seite hin immer höher. Das heißt, die längste Zunge direkt in der Mitte über dem Schallloch ist der tiefste Ton. Dann aber kommt das besondere, die Töne gehen in der Tonart, in der die Kalimba gestimmt ist, abwechselnd nach oben.

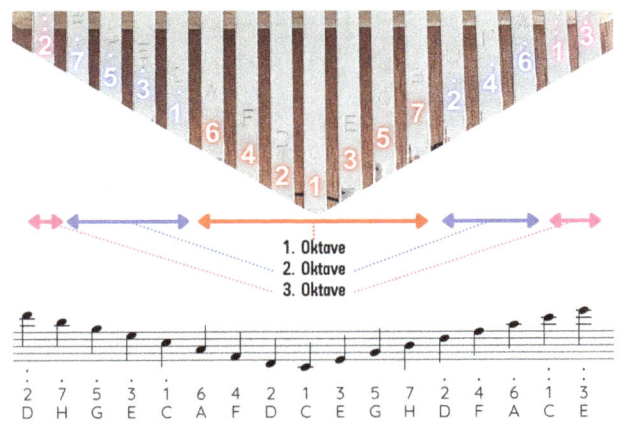

Je kürzer die Zunge, desto höher klingt der Ton. Die Zahlen auf der Kalimba wiederholen sich in jeder Oktave, es handelt sich dabei um den gleichen Ton, nur höher klingend. Du erkennst die höheren Töne auch an ihren Punkten über der Zahl. Die erste (tiefste) Oktave hat keinen Punkt, die zweite Oktave einen Punkt und die dritte Oktave zwei Punkte über der Zahl. Man benutzt bei den hohen Tönen Hilfslinien, um die Noten noch lesen zu können, sie passen nämlich nicht mehr in das einfache Notensystem, so hoch klingen sie.

Wie halte ich die Kalimba richtig?

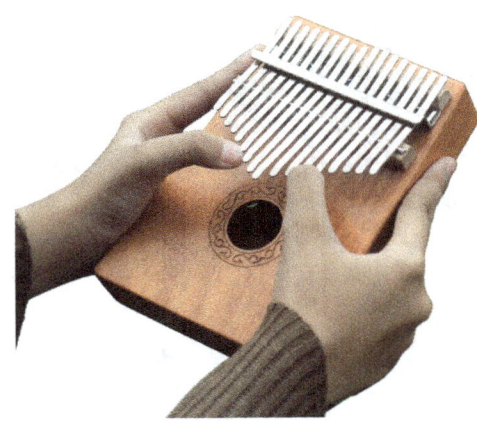

Halte die Kalimba locker in beiden Händen, so dass sie in deinen Fingern liegt und nicht wegrutschen kann. Du spielst die Zungen mit den Daumen an, indem du mit der Daumenkuppe von der Mitte weg streichst.

Streiche mit Gefühl und spiele die Zunge leicht mit dem kurzen Fingernagel an. Ist der Fingernagel zu lang, wirst du hängen bleiben. Spielst du mehrere Zungen hintereinander, ergeben sich automatisch Akkorde. Dazu aber später mehr. Wichtig ist, dass du die Zunge nur anstreichst und den Finger nicht auf ihr liegen lässt, sonst kann die Zunge nicht schwingen und es entsteht kaum ein Klang.

Wichtig:

Spiele nicht verkrampft, bleibe immer schön locker in deinen Schultern und Armen und auch in deinem restlichen Körper. Schüttel dich ruhig immer wieder aus, damit sich deine Muskulatur nicht verspannt. Achte auch immer wieder mal auf deine Gesichtszüge. Wenn man sich stark konzentriert, runzelt man gerne die Stirn. Lass locker, klimpere zwischendurch mit den Augen und bewege deinen Mund, das hilft.

Bleib locker und entspannt!

Wie lese ich die Notation?

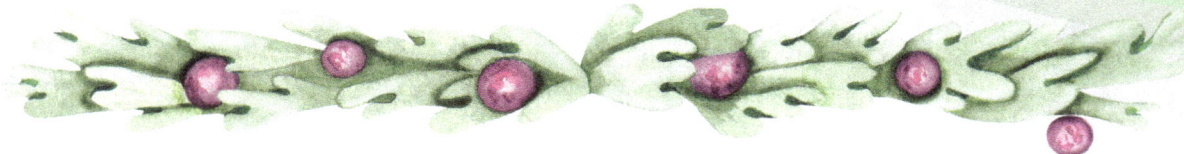

Die Zahlen für das Kalimba-Spiel

Die Notation der Kalimba erstreckt sich über die gesamten Notenzeilen des Violinschlüssels. Die Melodiestimme geht sogar noch oben weit über die Linien, deswegen benutzt man dort die sogenannten Hilfslinien, dass sind die Striche durch die (alleinstehende Note) und die darunter oder darüber liegenden. Hier siehst du als Beispiel den Ton "C". Er kommt dreimal auf der 17er-Kalimba vor.

|1 zwei Punkte über Zahl: Spiele den hohen Ton - hier das hohe C
1| ein Punkt über Zahl: Spiele den mittleren Ton - hier das mittlere C
1 kein Punkt: Spiele den tiefen Ton - hier das tiefe C

Bei allen drei Tönen der 1 handelt es sich um den gleichen Ton (c), allerdings klingen die drei Noten im Abstand einer Oktave. Der Strich bei der Zahl zeigt an, auf welcher Seite von der Mitte aus gesehen die Zahl/Zunge zu finden ist. Steht die Zahl vor dem Strich, ist die Zunge auf der linken Seite, ist die Zahl nach dem Strich, wird die Zunge auf der rechten Seite angespielt.

Das Notenblatt

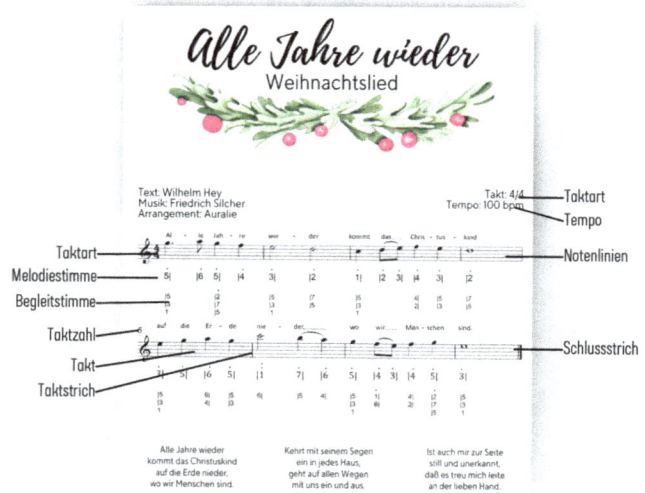

Beim Spielen eines neuen Liedes, achte bitte immer erst auf die Taktart und das Tempo des Liedes (s. Notenkunde). Du findest oberhalb die Melodiestimme, diese kannst du auch alleine spielen. Sie entspricht der Gesangstimme eines Liedes.

Unter der Melodiestimme ist die Begleitung notiert. Du bekommst einen schönen, vollen Klang, wenn du die beiden Stimmen zusammen spielst. Das ist allerdings nicht einfach und bedarf etwas Übung und Zeit. Sei also geduldig mit dir.

Wenn du die Melodiestimme mit Begleitung spielen möchtest, dann sind die Akkorde (Dreiklänge) ganz besonders wichtig. Du spielst die Begleitstimme mit der Kalimba, indem du bei mehreren Tönen über die Zungen mit deinem Daumen streichst. Spiele immer von unten nach oben. Manchmal sind in der Begleitstimme aber auch nur einzelne Töne.

Wie lese ich die Notation?

Wir spielen das Lied

Die Begleitstimme ist so notiert, dass die tiefsten Töne immer unten stehen, z.B. bei dem Lied "Alle Jahre wieder" spielst du von der Melodiestimme die hohe 5 auf der linken Seite der Kalimba, und gleichzeitig von unten nach oben die Töne 1, 3, 5 auf der rechten Seite. Ziehe dafür mit dem rechten Daumen über die drei Zungen, von unten nach oben. Die Kalimba ist durch ihren Aufbau der Zungen so angelegt, dass die richtigen Noten für viele Akkorde direkt nebeneinander liegen. Ein Akkord, der immer wieder vorkommt, ist z.B. der C-Dur-Akkord. Er besteht aus den Tönen: C - E - G, bei der Kalimba sind das die Zahlen 1 |3 |5. Diese Zungen liegen nebeneinander und du kannst sie mit einem Strich von unten nach oben anspielen. Das Begleiten ist nicht einfach, aber es klingt wunderschön.

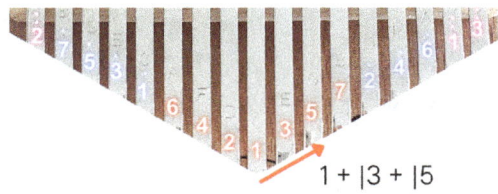

1 + |3 + |5

Noch kniffeliger wird es, wenn ein Ton von mehreren Tönen in der Begleitstimme begleitet werde. Versuch es einfach aus, der Reihe nach die Töne zu spielen. Ist dir das zu schwer, dann lass einfach erstmal was weg und steigere dich mit der Zeit!

Es gibt aber noch einige andere Besonderheiten, auf die du achten solltest und die dir das Kalimbaspiel erleichtern.

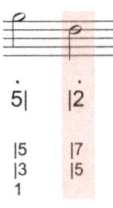

Du siehst hier ein Notenbeispiel von einer Melodie- und einer Begleitstimme. Der zweite Ton ist ein hohes D (2), er wird begleitet von den Tönen g (5) und h (7). Diese drei Töne liegen genau nebeneinander auf der rechten Seite der Kalimba. Es kommt öfters vor, dass die Melodiestimme und die Begleitstimme zusammengefasst werden können.

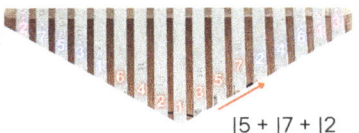

|5 + |7 + |2

So wie hier: Hier spielst du sogenannte Terzen. Terzen liegen bei einer Kalimba direkt nebeneinander, dass heißt, du kannst die beiden Töne mit einem Finger spielen. Schau dir also die beiden Stimmen gut an, markiere dir vielleicht sogar, wo du mit einem Wisch alle Töne spielen kannst.

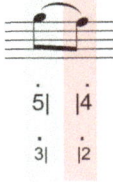

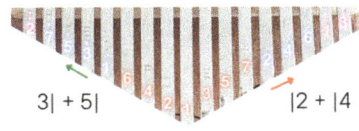

3| + 5| |2 + |4

Hier siehst du, dass in der Begleitstimme auch Töne vorkommen können, während in der Melodiestimme Pause ist, bzw. ein Ton lange klingt. Wenn du eine versetzte Zahl in der Begleitstimme siehst, dass werden diese Töne hintereinander gespielt.
Linker Daumen spielt hohes C (1) + rechter Daumen spielt E (3) und G (5), wenn das gespielt wird, wird im Takt-Rhythmus weiter gezählt (s. Notenkunde), dann spielt der rechte Daumen die 1 für das C und danach, im Rhythmus, wird die Melodiestimme weitergespielt, mit dem hohen G (5). Klingt kompliziert - bedeutet aber eigentlich: Immer schön der Reihe nach spielen.

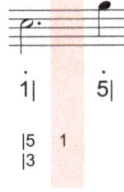

Übe so, wie es dir gut tut, lass ruhig auch mal etwas von der Begleitstimme weg, wenn es dir zu schwierig wird. Das klingt dann auch noch sehr schön.

Kleine Notenkunde

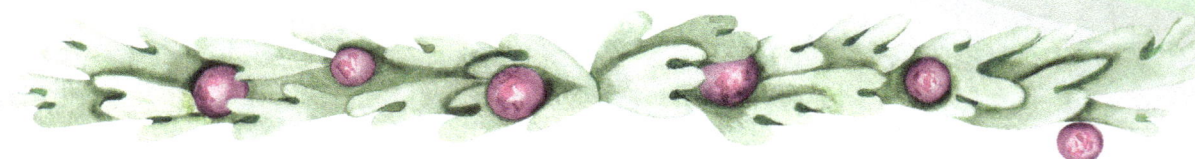

Stelle dir zum Üben ein Metronom ein.

Bei dem Beispiellied haben wir einen 4/4-Takt und ein Tempo 100 bpm (das bedeutet: beats per minute). Das Metronom klickt nun im Vierer-Rhythmus 1-2-3-4, wobei die 1 etwas mehr betont wird - betone diese auch beim Spiel. Jedes Klicken steht für ein Viertel. Übe am Anfang aber ruhig erst einmal mit einem langsameren Tempo und steigere es mit der Zeit.

Takt: 4/4 —— Takt
Tempo: 100 bpm —— Tempo

Hier in dem Beispiel haben wir nur Viertelnoten. Das heißt, auf jedem Klicken des Metronomes ist eine Note. Über den Noten habe ich dir zur Verdeutlichung das Klicken eingezeichnet: Die 1 ist etwas dunkler, weil sie besonders betont wird. So kannst du sehen, wo die 1, 2, 3, 4 ist, die das Metronom anschlägt.

Am besten zählst du selbst beim Spielen mit, es muss nur ganz gleichmäßig erfolgen und erfordert einiges an Konzentration und Übung.

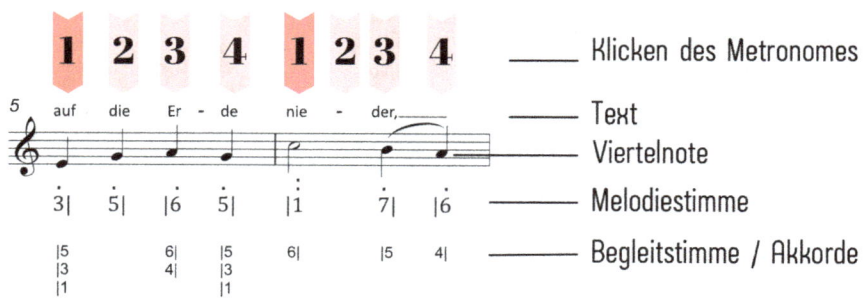

1 2 3 4 1 2 3 4 —— Klicken des Metronomes
auf die Er - de nie - der, —— Text
—— Viertelnote
3| 5| |6 5| |1 7| |6 —— Melodiestimme
|5 6| |5 6| |5 4| —— Begleitstimme / Akkorde
|3 4| |3
|1 |1

Es gibt aber auch noch andere Notenwerte, stell es dir wie eine Torte vor:

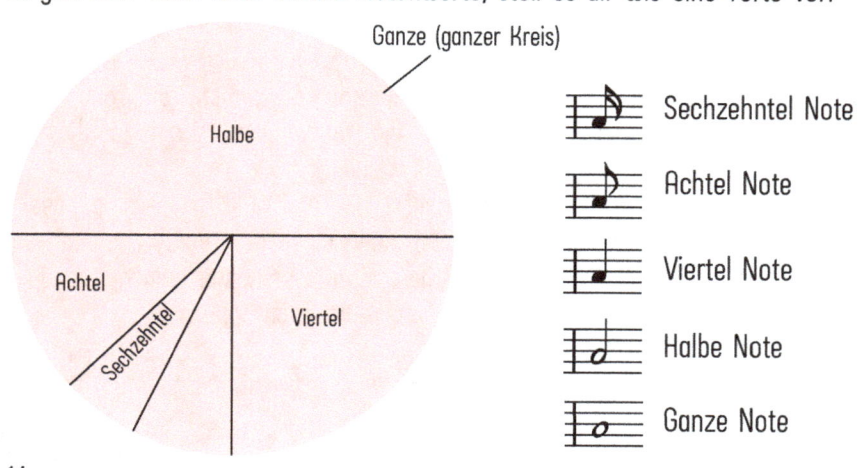

Ganze (ganzer Kreis)
Halbe
Achtel
Sechzehntel
Viertel

♬ Sechzehntel Note
♪ Achtel Note
♩ Viertel Note
𝅗𝅥 Halbe Note
𝅝 Ganze Note

Tipps

Es gibt Metronom-Apps!

Übe am Anfang erst schön langsam und steigere dich nach und nach.

Fehlt dir auf deiner Kalimba eine Note in der Begleitstimme, lass sie einfach weg.

Versuche im Takt mitzuzählen

Es gibt noch kleinere Noten-Werte, aber die brauchen wir in diesem Buch erst einmal nicht.

Tipps

*Ganz einfach,
wie Bruchrechnung*

Je kleiner die Stücke Kuchen, umso mehr Stücke landen in deinem Bauch (und umso schneller ist ein Stück aufgegessen).

Übersetzt man das in Musik: Je kleiner die Noten, desto schneller werden sie gespielt und desto mehr passen in einen Takt. In einen 4/4-Takt passen:

1 Ganze oder 2 Halbe oder 4 Viertel oder 8 Achtel oder 16 Sechzehntel

Die Notenwerte können natürlich auch gemischt werden, wie hier:

Die Notenwerte sind wichtig, damit du weißt, wie schnell eine Zahl gespielt werden muss.

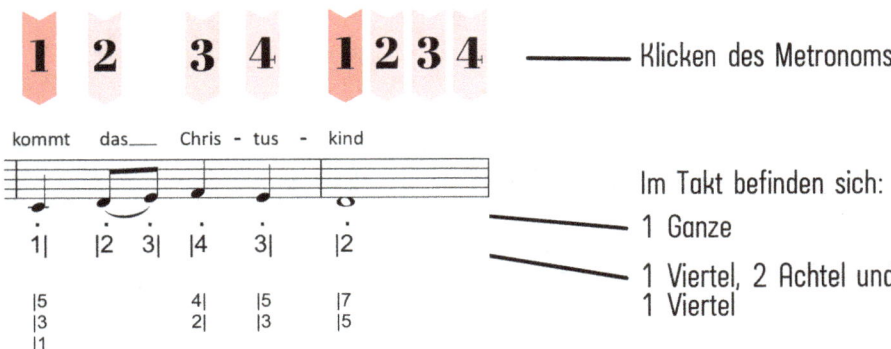

Klicken des Metronoms

Im Takt befinden sich:

1 Ganze

1 Viertel, 2 Achtel und 1 Viertel

Im ersten Takt sind auf der Zählzeit 1 (Klick) des Metronoms eine Viertel-Note, auf der Zählzeit 2 zwei Achtelnoten und auf der 3-4 (Metronom) sind wieder jeweils eine Viertel-Noten.

Im zweiten Takt ist auf die Zählzeit 1-4   1 Ganze Note.

Du spielst hier also für die zwei Takte:

Wichtig!!!

Beim Metronom wird die Betonung etwas lauter gespielt Beim 4/4-Takt ist das die 1.

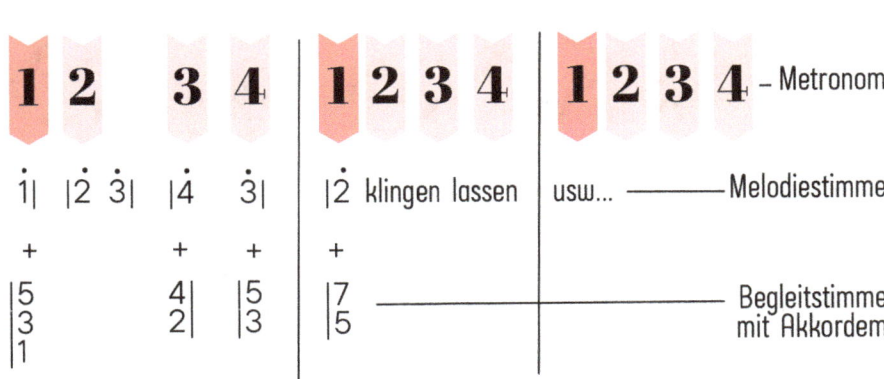

– Metronom

klingen lassen

usw... —— Melodiestimme

Begleitstimme mit Akkordem

Andere Taktarten

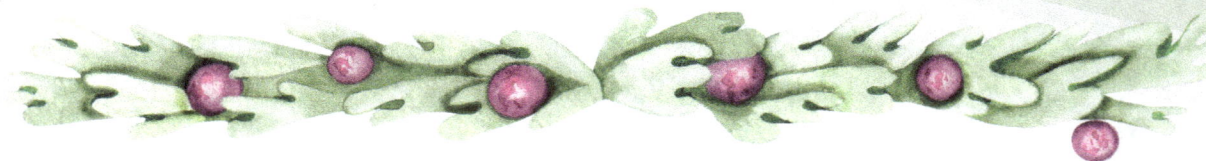

Übe erst einmal schön langsam die Melodiestimme, wenn du diese sicher spielen kannst, lerne nach und nach die Begleitstimme dazu. Das ist gar nicht so einfach. Versuche, die Melodiestimme immer ein bisschen lauter zu spielen als die Begleitstimme.

Hast du alles bis hier verstanden? Prima...
Und wenn nicht? Dann mach dir keine Sorgen. Das kommt alles mit der Zeit und mit dem Musizieren. Lass dir von der Theorie auf keinen Fall den Spaß nehmen.

Und vor allem... sei niemals zu streng mit dir!

Ach, noch etwas:

Hast du eine andere Taktart, beispielsweise einen 3/4-Takt wie bei einem Walzer, dann verändert sich auch der Inhalt in diesem Takt, bedeutet:

1 2 3 | 1 2 3 | 1 2 3 ———— Metronom

Es ist so, als hätten wir keine ganze, sondern nur eine Dreiviertel-Torte. Eine ganze Note passt in diesen Takt nicht mehr hinein.

Punktierte Halbe Note (kompletter 3/4-Kreis)

Halbe · Achtel · Sechzehntel · Viertel

♪ Sechzehntel Note

♪ Achtel Note

♩ Viertel Note

𝅗𝅥 Halbe Note

𝅗𝅥. Punktierte halbe Note

Ist eine Note punktiert, verdoppelt sie sich um die Hälfte ihres eigenen Wertes

Tipps

Übe erst einmal die Melodiestimme (obere Zahlenreihe).

Andere Taktarten haben auch einen anderen Notenwerte-Inhalt, z.B. 3/4-Takt

Die Betonungen liegen bei einem 3/4 Takt auf der 1.

Fühle dich in den Rhythmus ein, schwinge dafür am besten ein bisschen mit dem Tempo des Liedes (Klickern des Metronoms).

Das Stimmen der Kalimba

Um die Kalimba zu stimmen, brauchst du am besten ein Stimmgerät (z.B. Klemmstimmgerät für Gitarre) oder eine Stimm-App. Die Kalimba wird mit einem kleinen Stimm-Hämmerchen gestimmt, mit dem man die Zungen weiter nach unten oder nach oben klopft. Klopft man die Zunge von oben, wie auf dem Bild, dann wird der Ton tiefer. Klopft man von unten, wird der Ton höher.

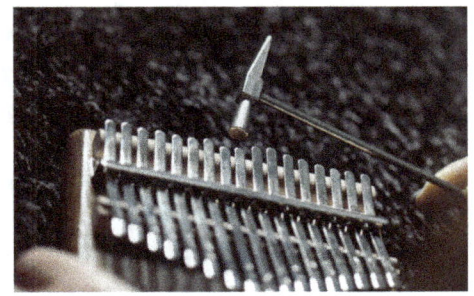

Tipps

Stimmt was nicht? Dann achte mal auf nebenstehende Dinge!

Ist etwas nicht in Ordnung? Dann nimm Kontakt auf mit dem Händler!

Falls ein Ton plingt und stumpf klingt, kann es entweder daran liegen, dass

- du die Zunge nicht schwingen lässt, weil dein Finger zu lange aufliegt
- der Ton nicht richtig gestimmt ist
- die Zunge zu fest sitzt und deswegen nicht schwingt

Versuche also noch einmal, den Finger schön locker über die Zunge gleiten zu lassen. War es das nicht? Dann kann es sein, dass die Zunge zu fest sitzt. Besonders die ganz hohen Töne können schon einmal sehr steif klingen und nicht richtig mitschwingen. Das liegt daran, dass die Zungen sehr kurz sind. Das liegt aber an der Fabrikation. Ist dies der Fall, schreibe deinen Händler am besten an oder tausche das Instrument um. Ansonsten bleibt dir nur noch, die Kalimba einen Ton tiefer zu stimmen - komplett. Wenn du alleine spielst, ist das nicht weiter schlimm, spielst du mit anderen Musikern, wird das Zusammenspiel schwierig.

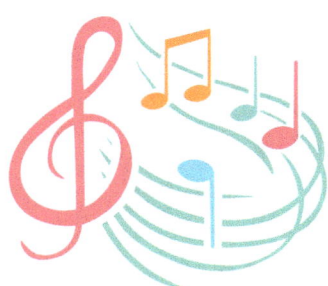

Sei kreativ

Lass deiner eigenen Kreativität freien Lauf und improvisiere!

Und nun möchte ich dich noch dazu anregen: Versuch dich einfach mal selber aus. Improvisiere, auf der Kalimba kann gar nichts schief klingen, denn sie ist ein diatonisches Instrument, d.h. alle Töne sind von einer Tonleiter.

Zu improvisieren und es fließen zu lassen tut unwahrscheinlich gut und ist sehr meditativ.

Die Töne der Kalimba

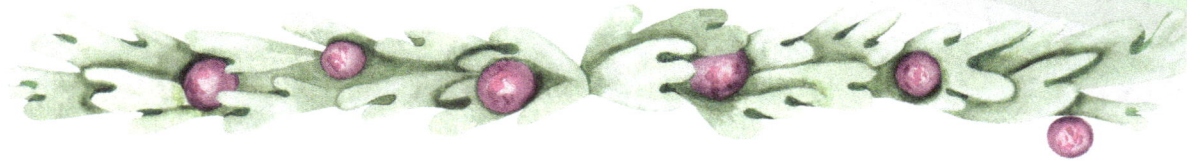

Hier kannst du sehen, wie die Töne der Kalimba als Noten dargestellt sind. Du findest die passende Note direkt unter der Kalimba-Zunge. Die Buchstaben zeigen dir den Namen der Note an. Oftmals sind auch die Notennamen auf den Zungen deiner Kalimba eingraviert.

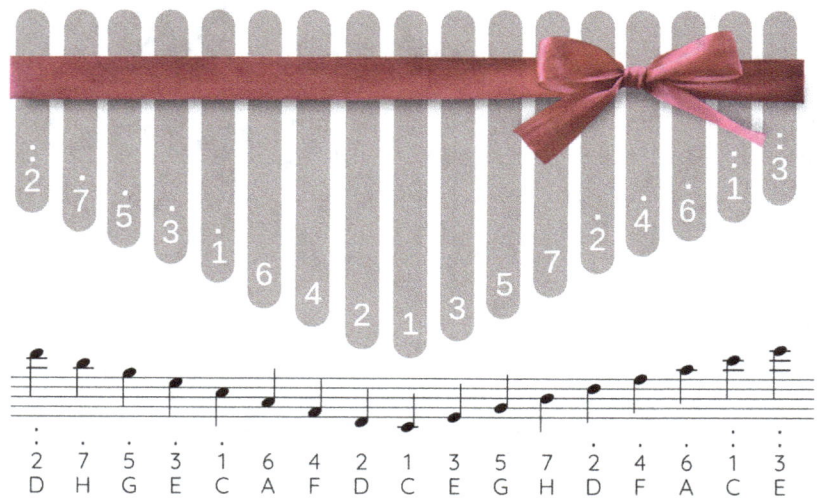

2	7	5	3	1	6	4	2	1	3	5	7	2	4	6	1	3
D	H	G	E	C	A	F	D	C	E	G	H	D	F	A	C	E

Der Audio-Link

Weil es vielen von uns leichter fällt, etwas zu spielen, was man schon einmal gehört hat, habe ich für Euch Audio-Dateien zum Reinhören angefertigt.

Scann einfach mit deinem Handy folgenden Code:

oder geh über folgenden Link auf die Seite mit den Audio-Dateien

www.claudia-gross.com/audio/

und klicke dort auf das Foto deines Buches!

Und nun wünsch ich dir:

Viel Spass

Alle Jahre wieder

Weihnachtslied

Text: Wilhelm Hey
Musik: Friedrich Silcher
Arrangement: Auralie

Takt: 4/4
Tempo: 100 bpm

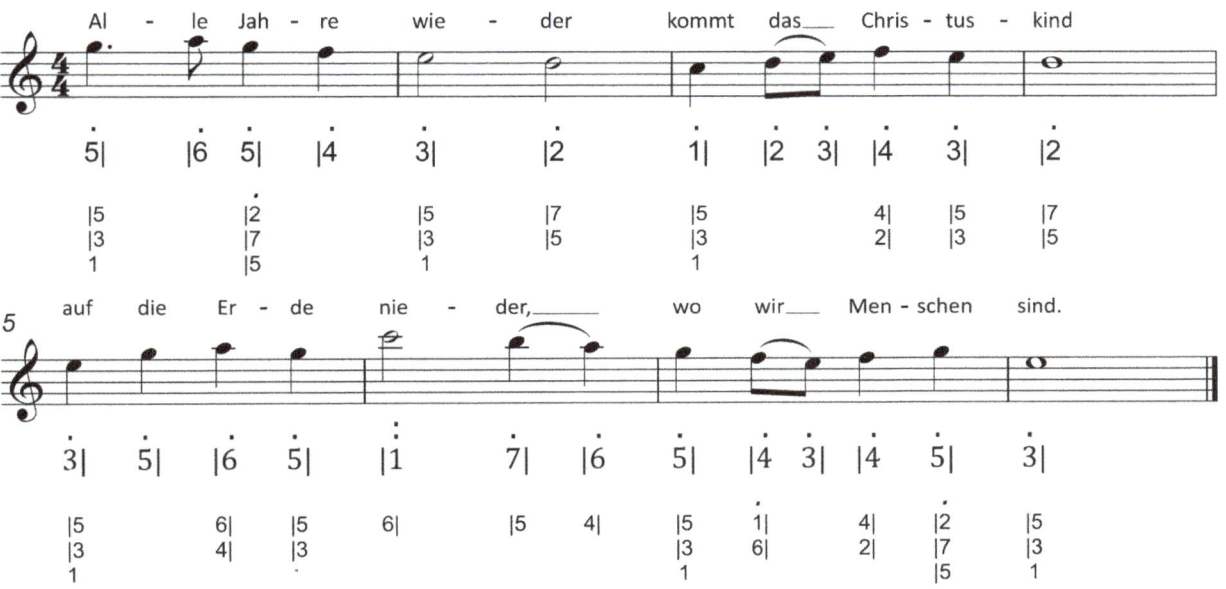

Alle Jahre wieder
kommt das Christuskind
auf die Erde nieder,
wo wir Menschen sind.

Kehrt mit seinem Segen
ein in jedes Haus,
geht auf allen Wegen
mit uns ein und aus.

Ist auch mir zur Seite
still und unerkannt,
daß es treu mich leite
an der lieben Hand.

Aber heidschi bumbeidschi

Bayrisches Wiegenlied

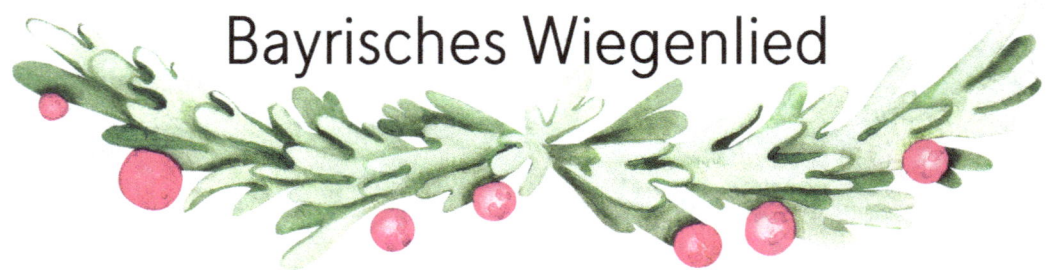

Text u. Musik: unbekannt
Arrangement: Auralie

Takt: 3/4
Tempo: 105 bpm

A - ber heid - schi bum - beid - schi, schlaf lan - ge, es

|5 |5 3| 3| 3| 3| |2 3| 5| |4 |5

|5 |5 |2 2| |3 4| |2
|3 |3 |7
1 1 |5

is ja dein Mua - ter aus - gan - ge, sie

|4 |4 |4 |4 3| |4 |6 5| |5

|2 |2 1 |3 |5 4| |3
|7 |7
|5 |5

is ja aus - gan - ga und kimmt nim - ma hoam und

3| 3| 3| 3| |2 3| 5| 5| |4 |2 |5

|5 |5 |2 |2 |7 2|
|3 |3 |7 |7 |5
1 1 |5

20

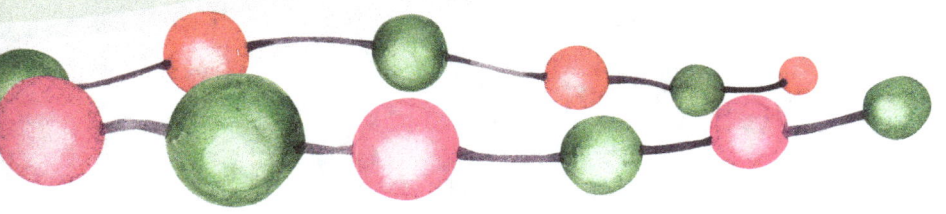

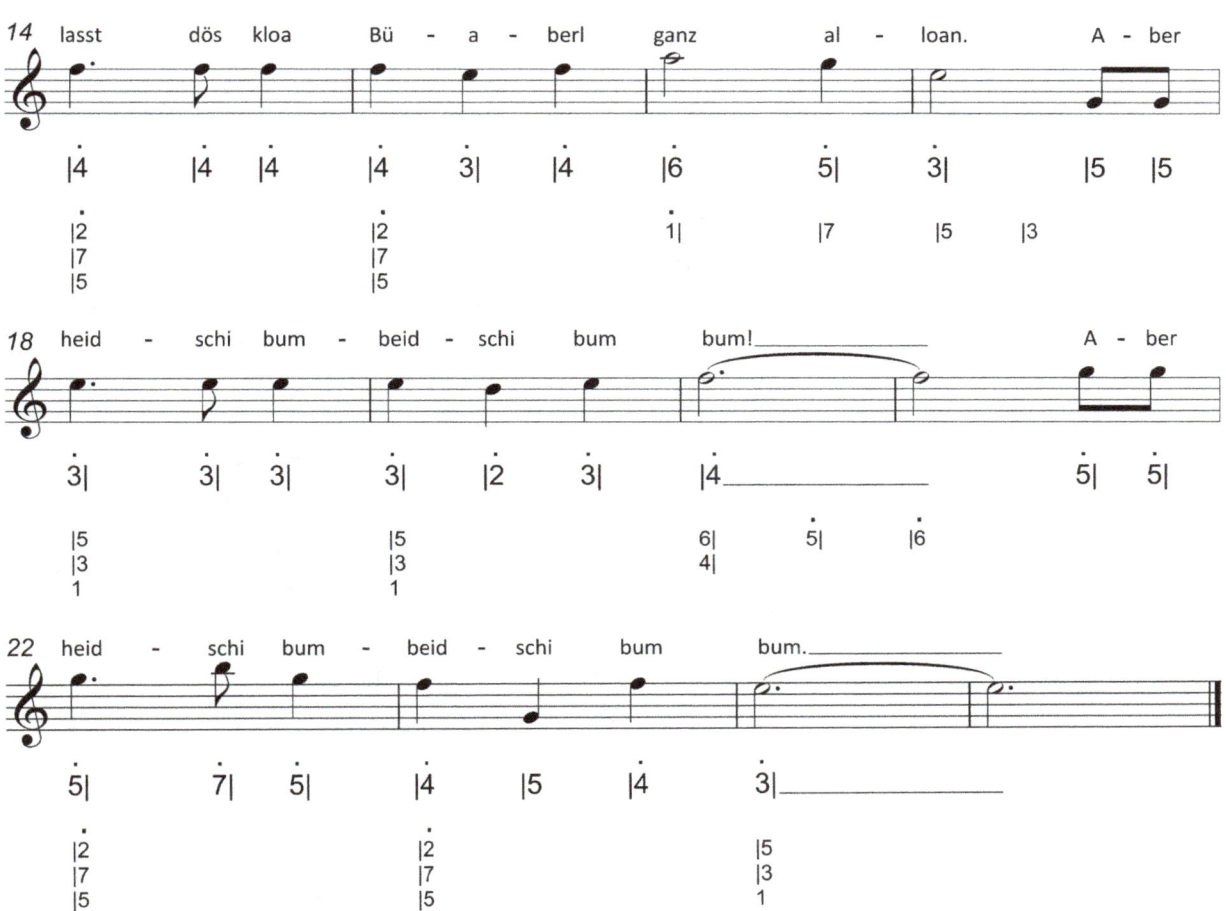

Aber heidschi bumbeidschi, schlaf lange,
es is ja dein Muatter ausgange,
sie is ja ausganga und kimmt nimma hoam
und lasst dös kloan Büaberl ganz alloan.
Aber heidschi bumbeidschi bum bum!
Aber heidschi bumbeidschi bum bum.

Aber heidschi bumbeidschi, schlaf süaße,
die Engelein lassen di grüaße,
sie lassen di grüaßn und lassen di fragn,
ob du in' Himmel spazieren willst fahrn.
Aber Heidschi Bumbeidschi bum bum!
Aber Heidschi Bumbeidschi bum bum.

Amen
Afrikanisches Traditional

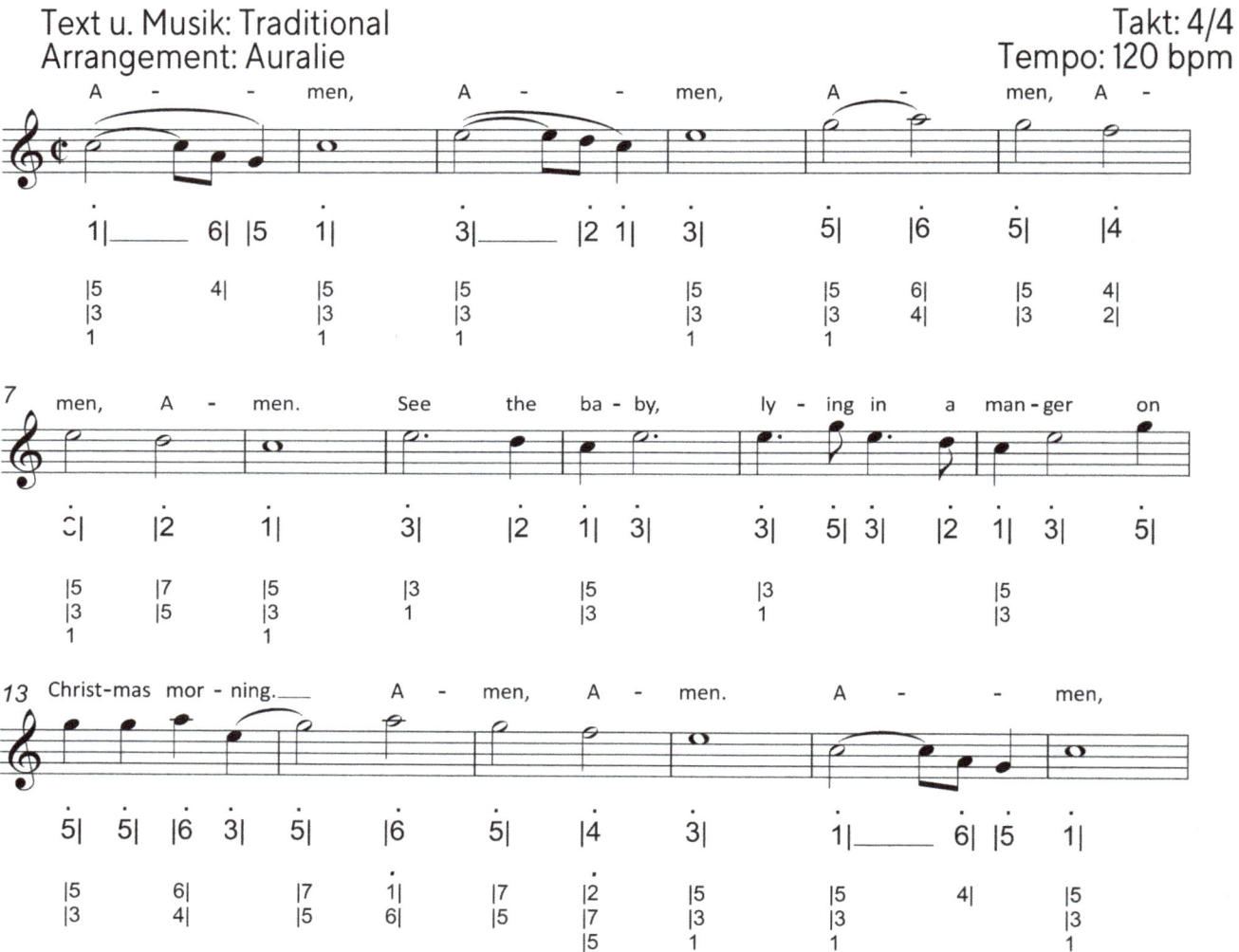

Text u. Musik: Traditional
Arrangement: Auralie

Takt: 4/4
Tempo: 120 bpm

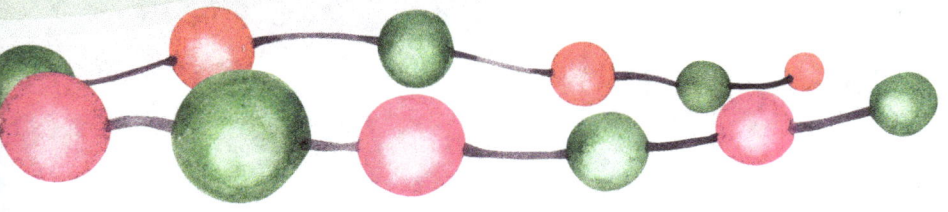

Amen, amen, amen, amen, amen.
Amen, amen, amen, amen, amen.

See the baby,
lyin' in the manger
on Christmas mornin'.
Amen, amen, amen, amen, amen.

See Him at the temple,
talkin' to the elders;
how they marveled at his wisdom,
Amen, amen, amen, amen, amen.

See Him at the Jordan
where John was baptizin'
and savin' all sinners.
Amen, amen, amen, amen, amen.

See Him at the seaside,
talkin' to the fishermen
and makin' them disciples.
Amen, amen, amen, amen, amen.

Marchin' in Jerusalem,
over palm branches,
in pomp and splendor.
Amen, amen, amen, amen, amen.

See Him in the garden,
prayin' to His Father,
in deepest sorrow.
Amen, amen, amen, amen, amen.

Led before Pilate,
then they crucified Him,
but He rose on Easter.
Amen, amen, amen, amen, amen.

Hallelujah!
He died to save us
and He lives for ever.
Amen, amen, amen, amen, amen.

Am Weihnachtsbaume die Lichter brennen
Weihnachtslied

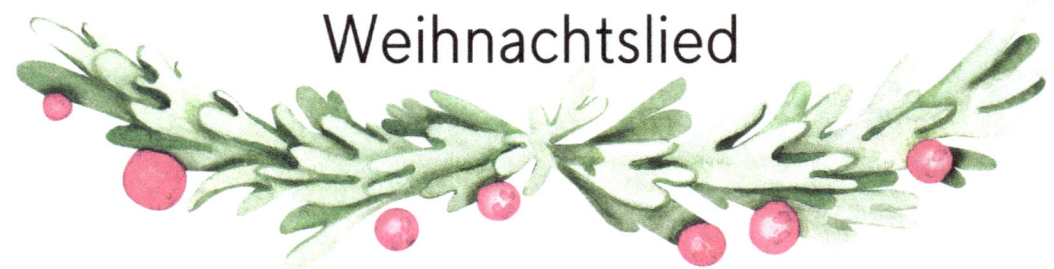

Text: Hermann Kletke
Musik: unbekannt
Arrangement: Auralie

Takt: 3/4
Tempo: 84 bpm

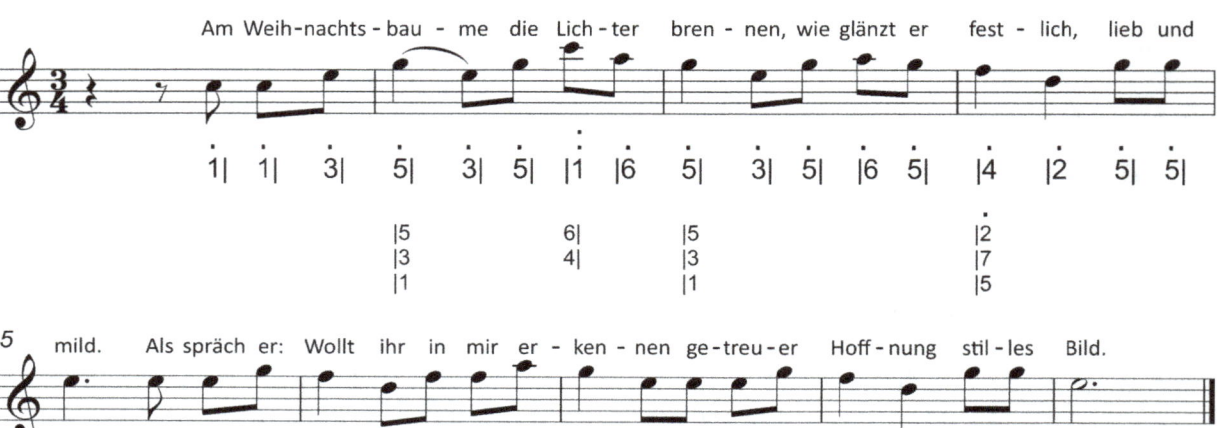

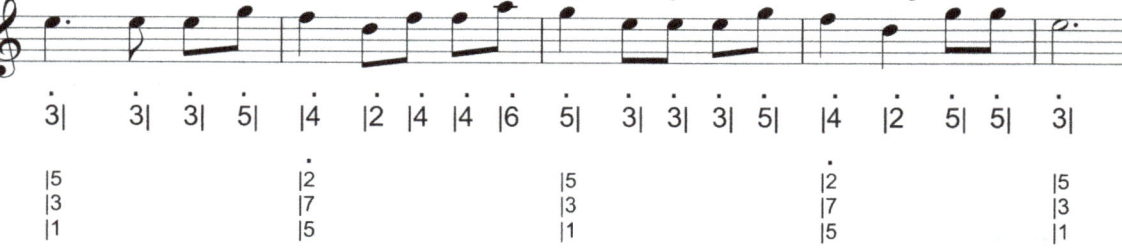

Am Weihnachtsbaum die Lichter brennen,
wie glänzt er festlich, lieb und mild,
als spräch' er: "Wollt in mir erkennen
getreuer Hoffnung stilles Bild!"

Die Kinder stehn mit hellen Blicken,
das Auge lacht, es lacht das Herz,
o fröhlich seliges Entzücken!
Die Alten schauen himmelwärts.

Zwei Engel sind hereingetreten,
kein Auge hat sie kommen seh'n,
sie gehn zum Weihnachtstisch und beten,
und wenden wieder sich und geh'n.

Gesegnet seid, ihr alten Leute,
gesegnet sei, du kleine Schar!
Wir bringen Gottes Segen heute
dem braunen wie dem weißen Haar.

Zu guten Menschen, die sich lieben,
schickt uns der Herr als Boten aus,
und seid ihr treu und fromm geblieben,
wir treten wieder in dies Haus."

Kein Ohr hat ihren Spruch vernommen,
unsichtbar jedes Menschen Blick
sind sie gegangen wie gekommen,
doch Gottes Segen blieb zurück.

Away in a manger
Amerikanisches Weihnachtslied

Text: Martin Luther
Musik: James R. Murray
Arrangement: Auralie

Takt: 3/4
Tempo: 100 bpm

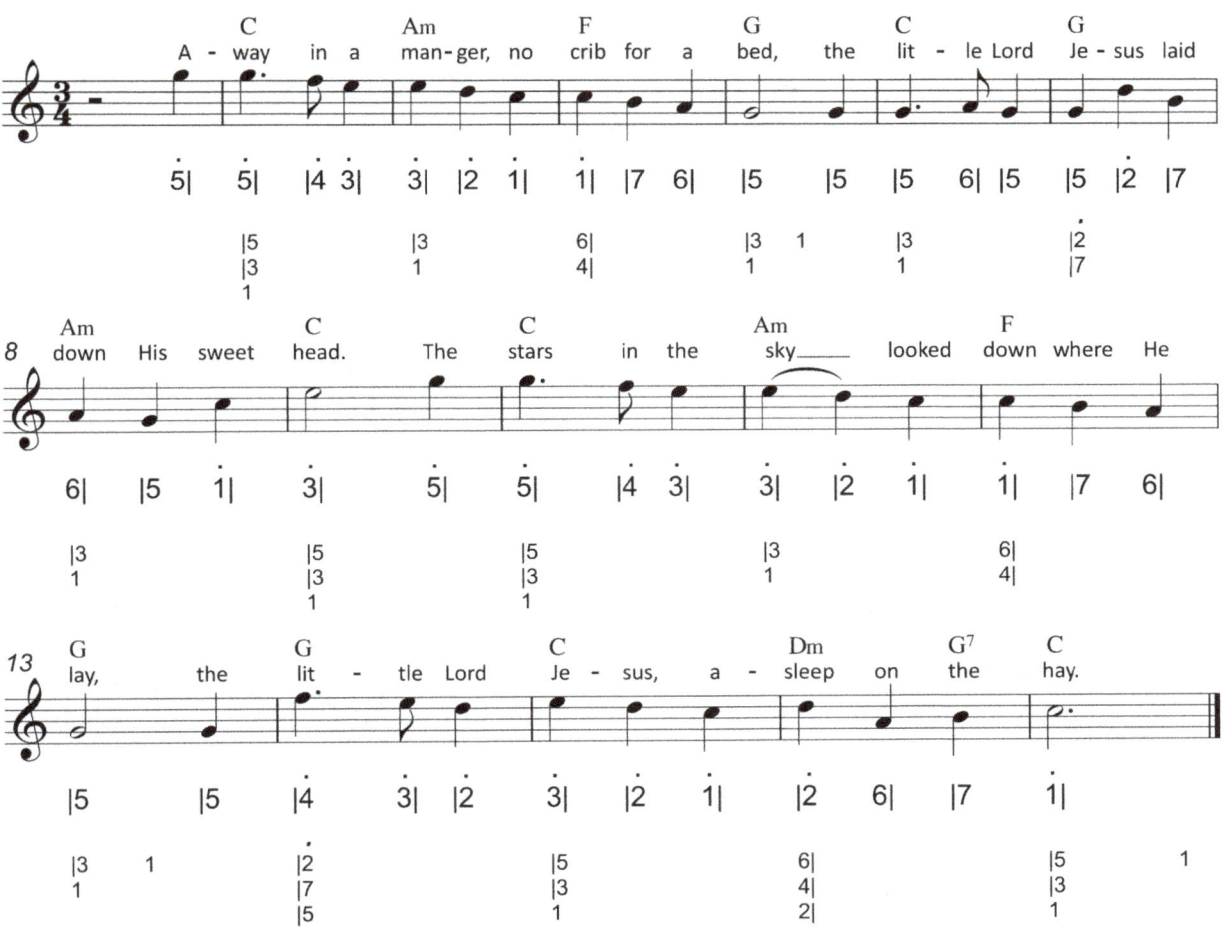

The cattle are lowing, the Baby awakes,
But little Lord Jesus, no crying He makes;
I love Thee, Lord Jesus, look down from the sky
And stay by my side until morning is nigh.

Be near me, Lord Jesus, I ask Thee to stay
Close by me forever, and love me, I pray;
Bless all the dear children in Thy tender care,
And fit us for Heaven to live with Thee there.

Away in a manger

Englisches Weihnachtslied

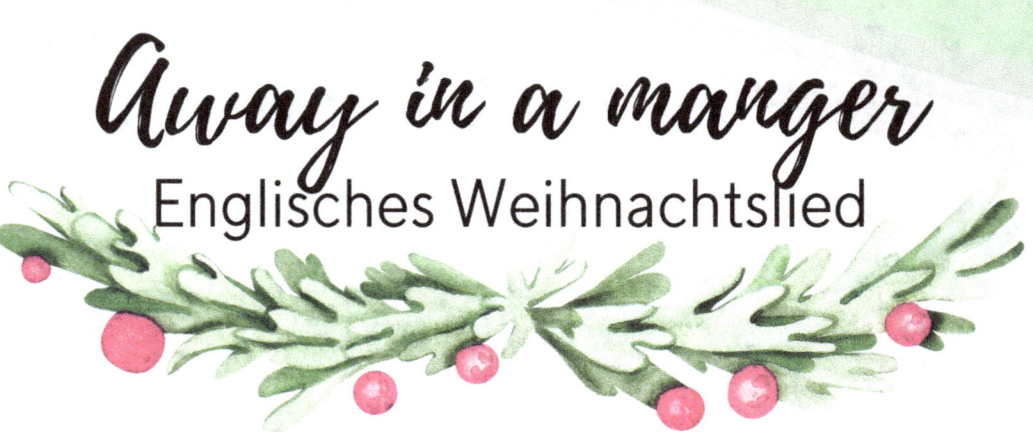

Text: Martin Luther
Musik: William J. Kirkpatrick
Arrangement: Auralie

Takt: 3/4
Tempo: 96 bpm

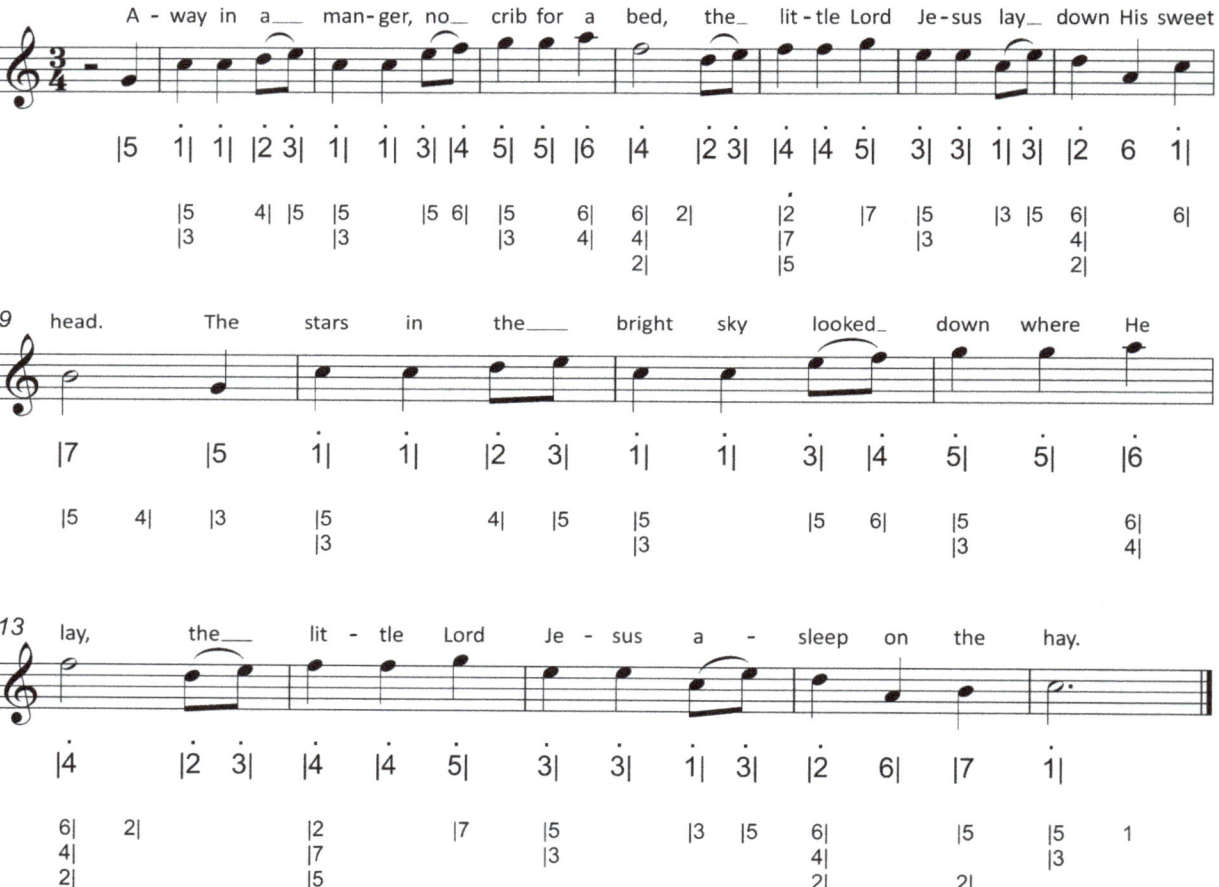

The cattle are lowing, the Baby awakes,
But little Lord Jesus, no crying He makes;
I love Thee, Lord Jesus, look down from the sky
And stay by my side until morning is nigh.

Be near me, Lord Jesus, I ask Thee to stay
Close by me forever, and love me, I pray;
Bless all the dear children in Thy tender care,
And fit us for Heaven to live with Thee there.

Der Weihnachtstraum
Weihnachtslied

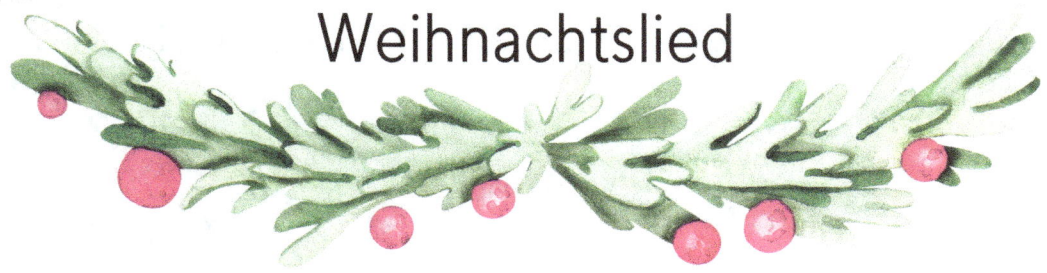

Text: Hoffmann von Fallersleben
Musik: Friedrich Reichardt
Arrangement: Auralie

Takt: 4/4
Tempo: 120 bpm

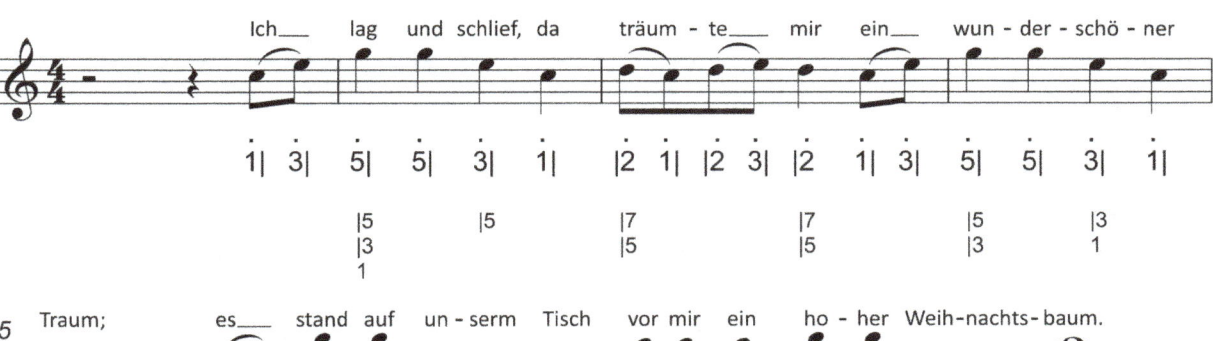

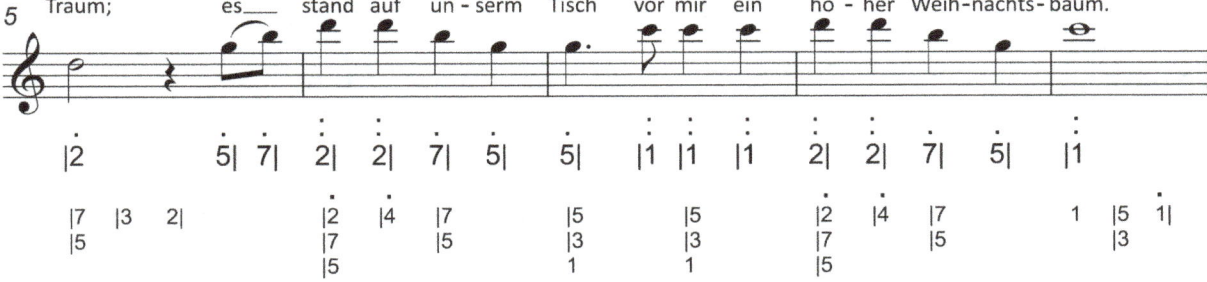

Nur bunte Lichter ohne Zahl,
die brannten rings umher;
die Zweige waren allzumal
von goldnen Äpfeln schwer.

Und Zuckerpuppen hingen dran,
das war mal eine Pracht;
da gab's, was ich nur wünschen kann
und was mir Freude macht.

Und als ich nach dem Baume sah
und ganz verwundert stand,
nach einem Apfel griff ich da,
und Alles, Alles schwand.

Da wacht ich auf aus meinem Traum
und dunkel war's um mich.
Du lieber schöner Weihnachtsbaum,
sag' an, wo find ich dich!

Da war es just, als rief er mir:
"Du darfst nur artig sein,
dann steh' ich wiederum vor dir,
jetzt aber schlaf nur ein!

Und wenn du folgst und artig bist,
dann wird erfüllt dein Traum;
dann bringet dir der heil'ge Christ
den schönsten Weihnachtsbaum."

Engel auf den Feldern singen

Weihnachtslied aus Frankreich

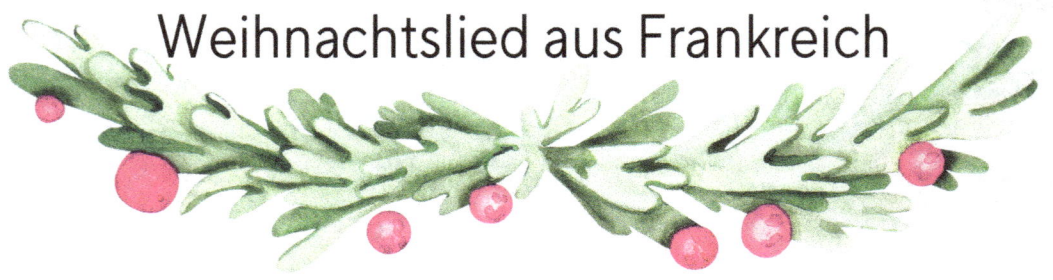

Text: Maria L. Thurmair
Musik: Thoinot Arbeau
Arrangement: Auralie

Takt: 4/4
Tempo: 112 bpm

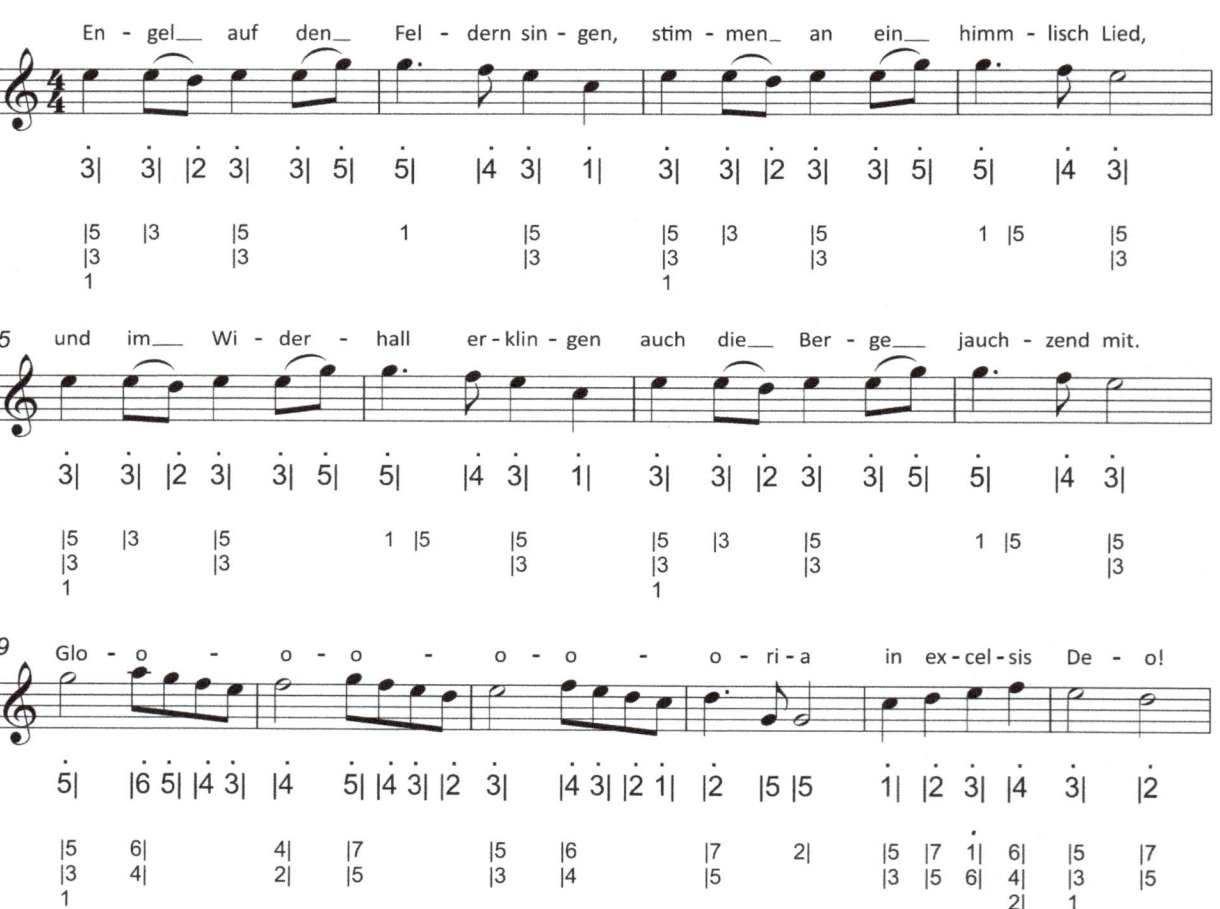

Engel auf den Feldern singen

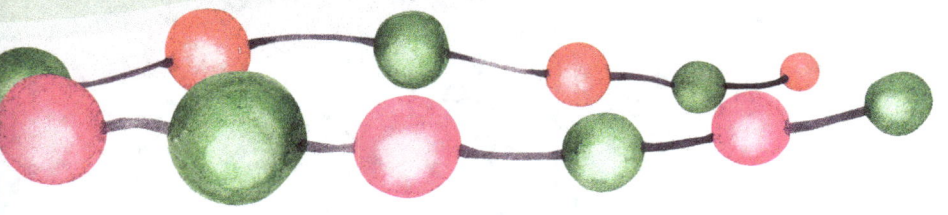

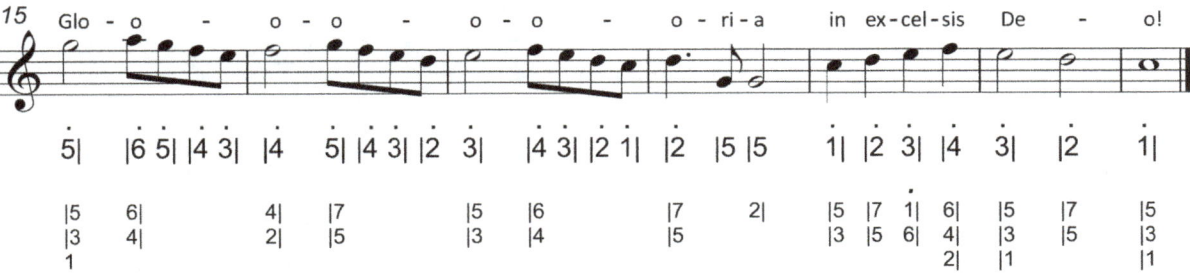

Engel auf den Feldern singen,
stimmen an ein himmlisch Lied,
und im Widerhall erklingen
auch die Berge jauchzend mit.
|: Gloria in excelsis deo :|

Christ, der Retter, stieg hernieder,
der sein Volk von Schuld befreit!
Danket ihm mit euren Liedern,
seid zu seinem Lob bereit.
|: Gloria in excelsis deo :|

Lasst nach Bethlehem uns ziehen,
wie der Engel uns gesagt!
Lasst uns betend vor ihm knieen,
der das Heil uns heut gebracht.
|: Gloria in excelsis deo :|

Preis sei Gott und Friede allen,
denen er die Schuld vergibt.
Heut soll unser Lob erschallen,
weil er alle Menschen liebt.
|: Gloria in excelsis deo :|

Heilig, Gott der Engelscharen!
Lob und Dank die Welt erfüllt!
Um den Sohn zu offenbaren,
ward das Wort im Fleisch enthüllt.
|: Gloria in excelsis deo :|

Es ist ein Ros entsprungen
Deutsches Weihnachtslied

Text: M. Praetorius
Musik: unbekannt
Arrangement: Auralie

Takt: alla breve
Tempo: 92 bpm

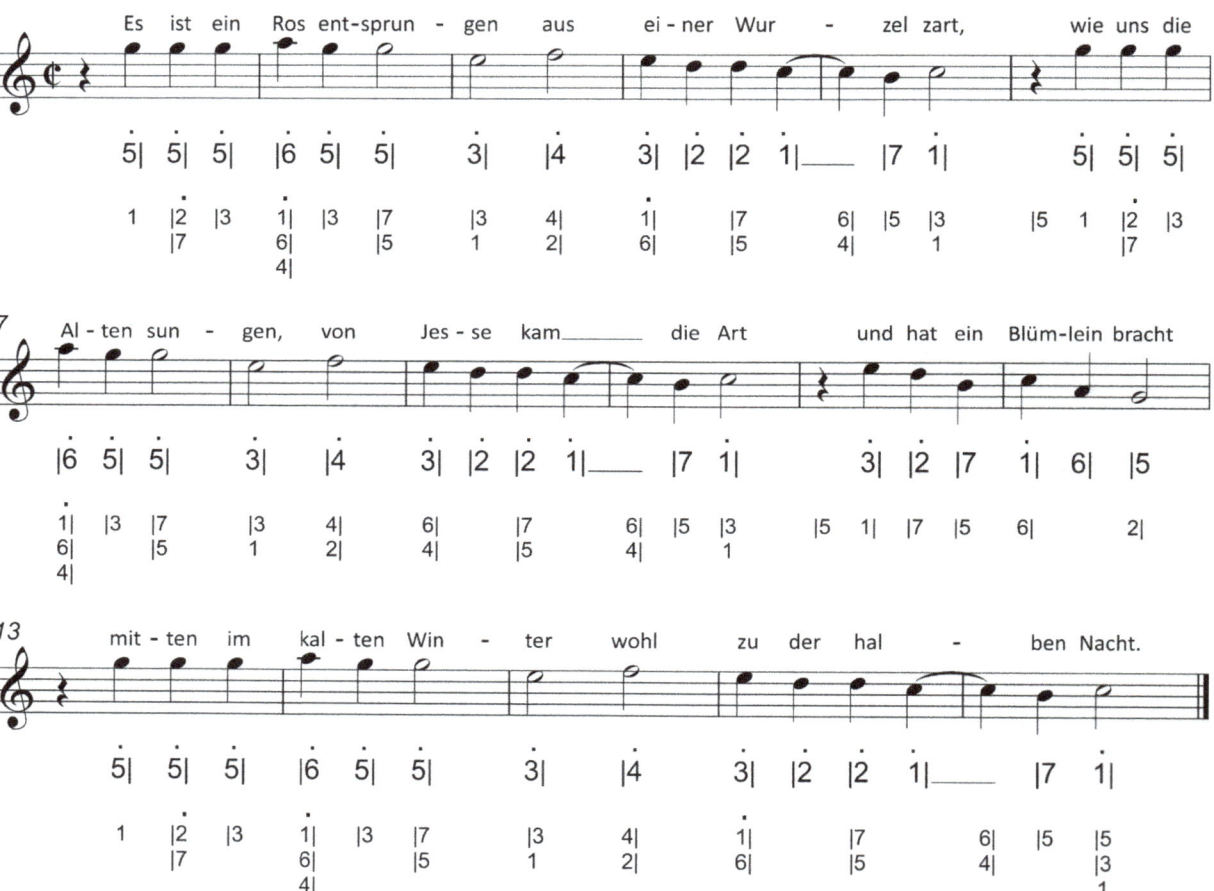

Es ist ein Ros entsprungen

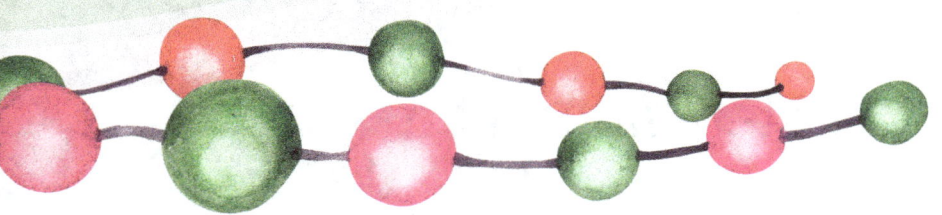

Es ist ein Ros' entsprungen
aus einer Wurzel zart,
wie uns die Alten sungen,
von Jesse kam die Art
und hat ein Blümlein 'bracht
mitten im kalten Winter,
wohl zu der halben Nacht.

Das Röslein, das ich meine,
davon Jesaja sagt,
hat uns gebracht alleine
Marie, die reine Magd;
aus Gottes ew'gem Rat
hat sie ein Kind geboren
wohl zu der halben Nacht.

Das Blümelein so kleine,
das duftet uns so süß;
mit seinem hellen Scheine
vertreibt's die Finsternis.
Wahr' Mensch und wahrer Gott,
hilft uns aus allem Leide,
rettet von Sünd und Tod.

Wir bitten dich von Herzen,
du edle Königin,
durch deines Sohnes Schmerzen,
wann wir fahren dahin
aus diesem Jammertal:
Du wolltest uns begleiten
bis an der Engel Saal!

Es ist für uns eine Zeit angekommen

Schweizer Sternsingerlied

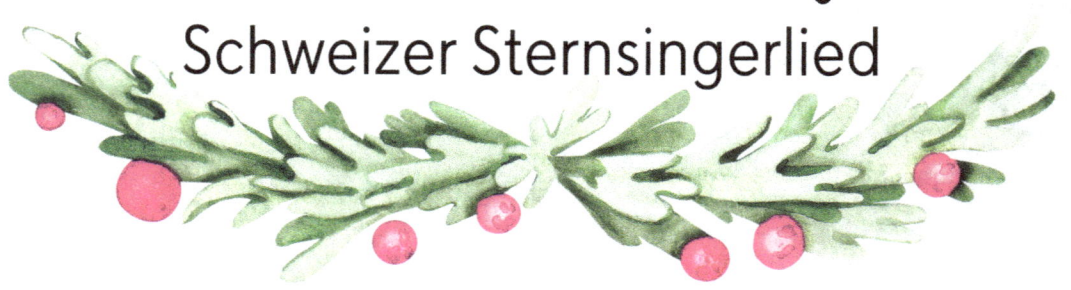

Text u. Musik: unbekannt
Arrangement: Auralie

Takt: 4/4
Tempo: 100 bpm

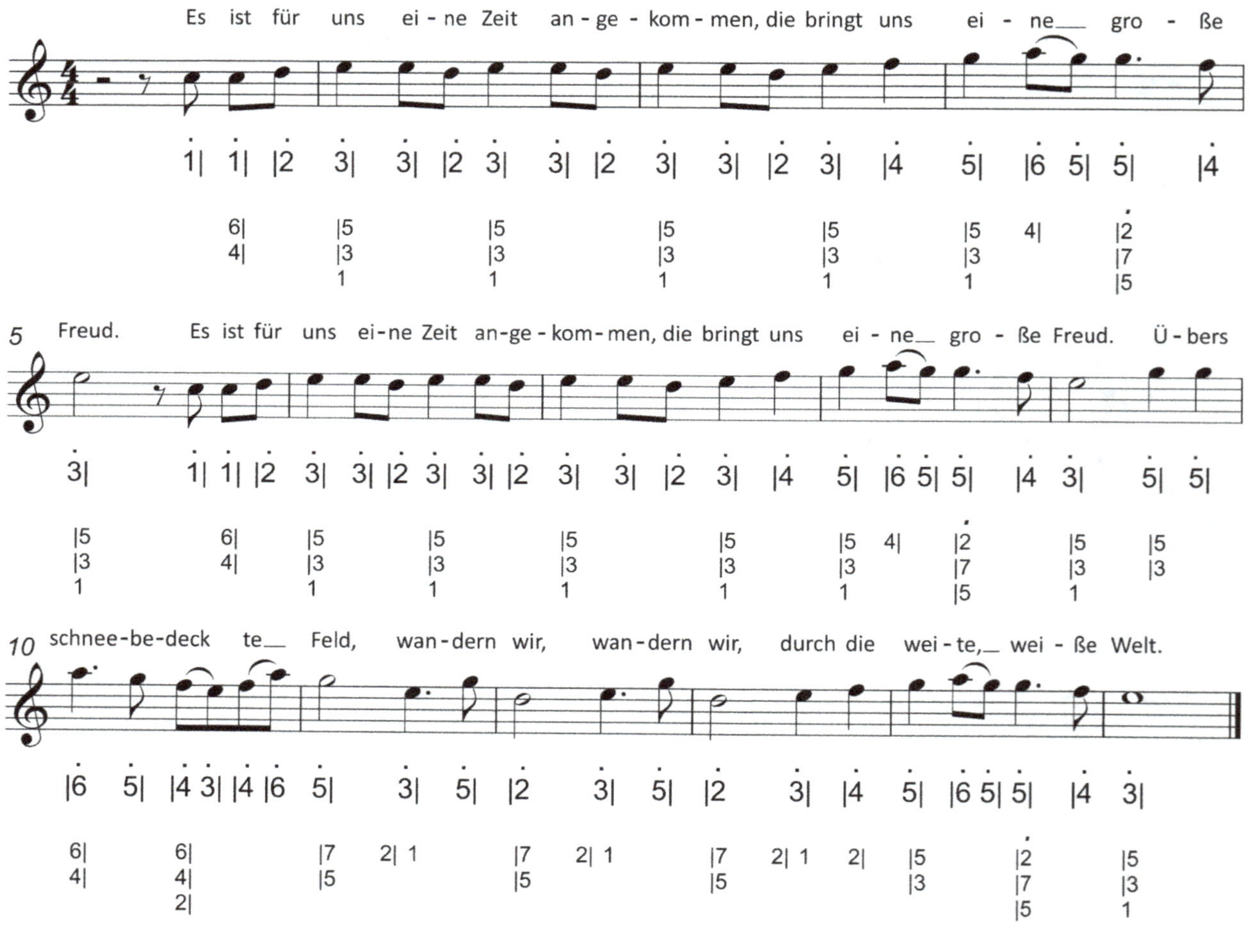

Es ist für uns ei - ne Zeit an - ge - kom - men, die bringt uns ei - ne__ gro - ße

1| 1| |2 3| 3| |2 3| 3| |2 3| 3| |2 3| |4 5| |6 5| 5| |4

6| |5 |5 |5 |5 |5 4| |2
4| |3 |3 |3 |3 |3 |7
1 1 1 1 1 |5

5 Freud. Es ist für uns ei - ne Zeit an - ge - kom - men, die bringt uns ei - ne__ gro - ße Freud. Ü - bers

3| 1| 1| |2 3| 3| |2 3| 3| |2 3| 3| |2 3| |4 5| |6 5| 5| |4 3| 5| 5|

|5 6| |5 |5 |5 |5 |5 4| |2 |5 |5
|3 4| |3 |3 |3 |3 |3 |7 |3 |3
1 1 1 1 1 |5 1

10 schnee-be-deck te__ Feld, wan-dern wir, wan-dern wir, durch die wei-te,__ wei - ße Welt.

|6 5| |4 3| |4 6| 5| 3| 5| |2 3| 5| |2 3| |4 5| |6 5| 5| |4 3|

6| 6| |7 2| 1 |7 2| 1 |7 2| 1 2| |5 |2 |5
4| 4| |5 |5 |5 |3 |7 |3
2| |5 1

Es ist für uns eine Zeit angekommen

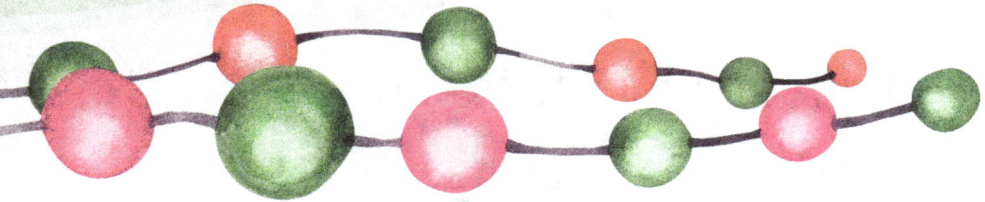

Es ist für uns eine Zeit angekommen,
die bringt uns eine große Freud.
Es ist für uns eine Zeit angekommen,
die bringt uns eine große Freud.
Übers Schneebedeckte Feld,
wandern wir, wandern wir,
durch die weite, weiße Welt.

Es schlafen Bächlein und Seen unterm Eise,
es träumt der Wald einen tiefen Traum.
Es schlafen Bächlein und Seen unterm Eise,
es träumt der Wald einen tiefen Traum.
Durch den Schnee, der leise fällt,
wandern wir, wandern wir,
durch die weite, weiße Welt.

Am hohen Himmel ein leuchtendes Schweigen,
erfüllt die Herzen mit Seeligkeit.
Am hohen Himmel ein leuchtendes Schweigen,
erfüllt die Herzen mit Seeligkeit.
Unterm sternbeglänzten Zelt,
wandern wir, wandern wir,
durch die weite, weiße Welt.

Es wird scho' glei dumpa

Weihnachtslied aus Österreich

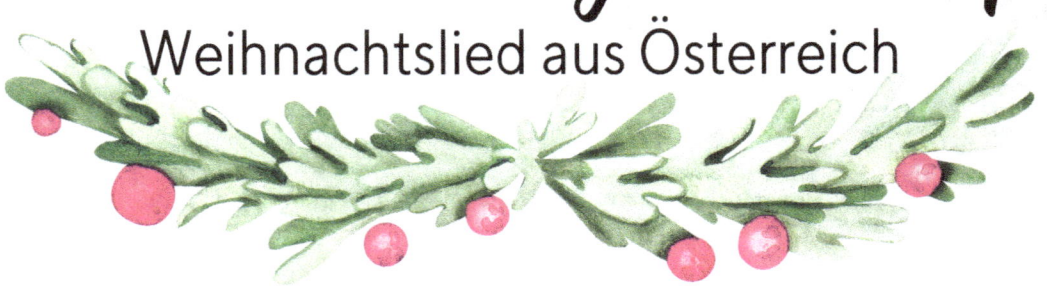

Text: Anton Reidinger
Musik: unbekannt
Arrangement: Auralie

Takt: 3/4
Tempo: 80 bpm

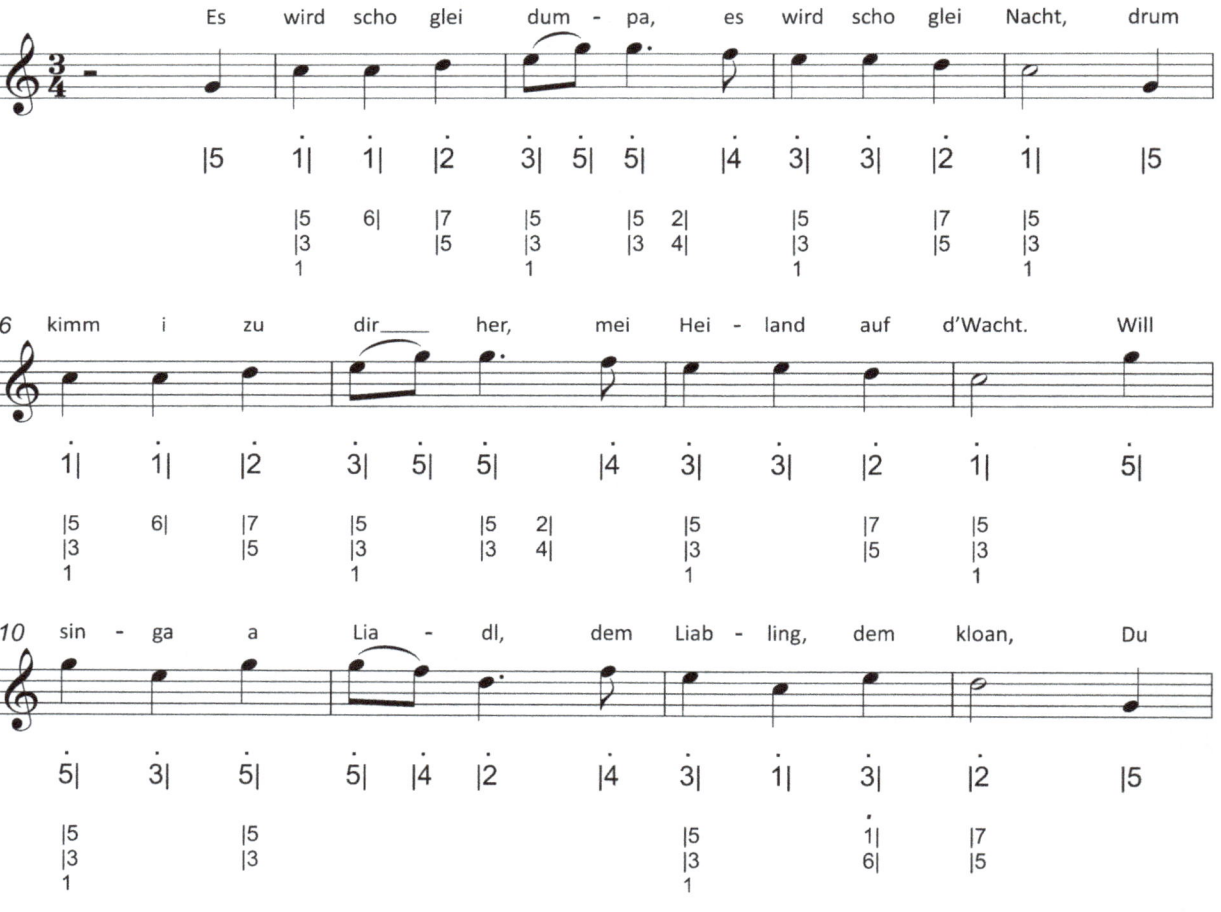

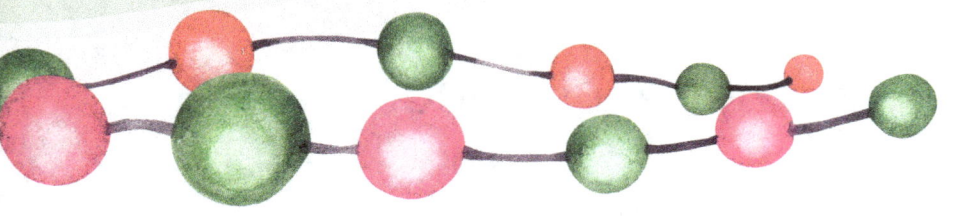

Es wird scho' glei dumpa

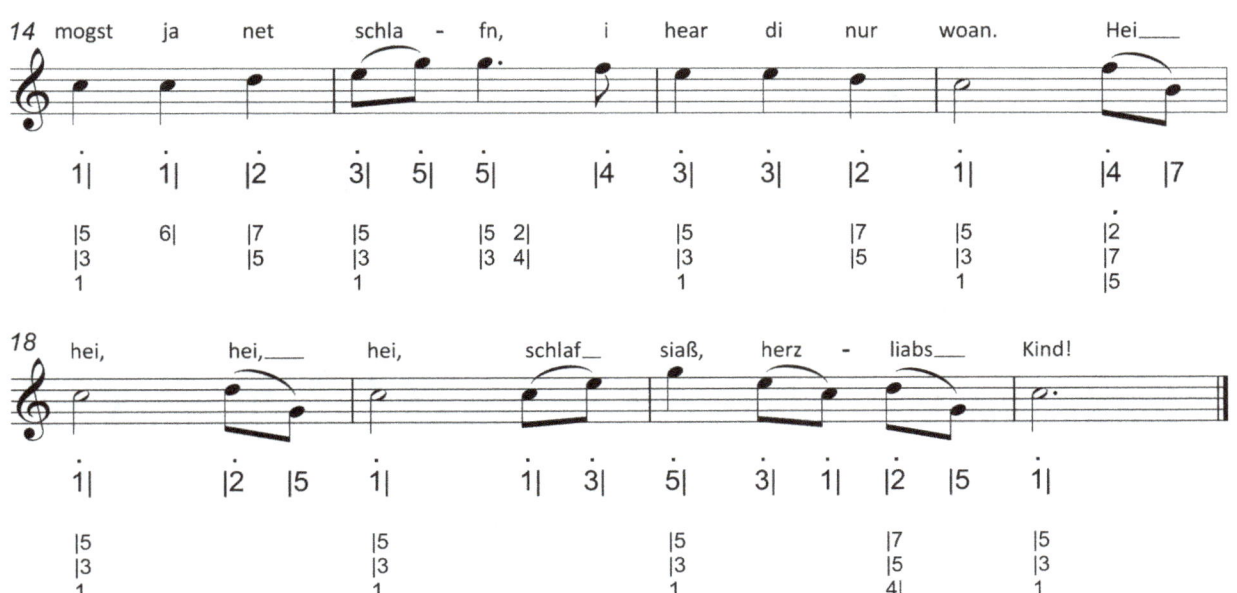

Es wird scho glei dumpa, es wird scho glei Nacht,
drum kimm i zu dir her, mei Heiland auf d'Wacht.
Will singa a Liadl, dem Liebling dem kloan,
du mogst ja net schlafa, I hear di nur woan.
Hei, hei hei hei, schlaf siaß, herzliabs Kind!

Vergiß jetzt, o Kinderl, dein Kumma, dei Load,
dass du da mußt leidn im Stall auf da Hoad.
Es ziem ja die Engerl dei Liagerstatt aus,
möcht schöner nit sei drin an König sei Haus.
Hei, hei hei hei, schlaf siaß, herzliabs Kind!

Ja Kinderl, du bist halt im Kripperl so schen,
mi ziemt, i kann nimmer da weg von dir gehn.
I wünsch dir von Herzen die süaßte Ruah,
die Engerl vom Himmel, die deckn di zua.
Hei, hei hei hei, schlaf siaß, herzliabs Kind!

Schließ zua deine Äugerl in Ruh und in Fried,
und gib ma zum Abschied dein Seg'n no grad mit!
Dann wird a mein Schlaferl so sorgenlos sein,
dann kann i mi ruhig aufs Niedalegn freun.
Hei, hei hei hei, schlaf siaß, herzliabs Kind!

Freu dich, Erd und Sternenzelt

Böhmisches Weihnachtslied

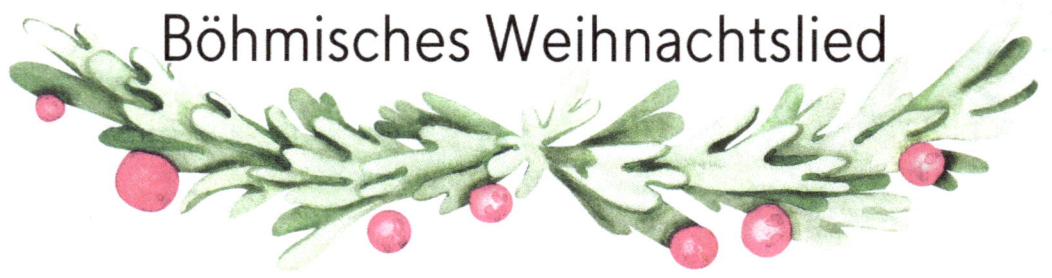

Text u. Musik: unbekannt
Arrangement: Auralie

Takt: 2/4
Tempo: 70 bpm

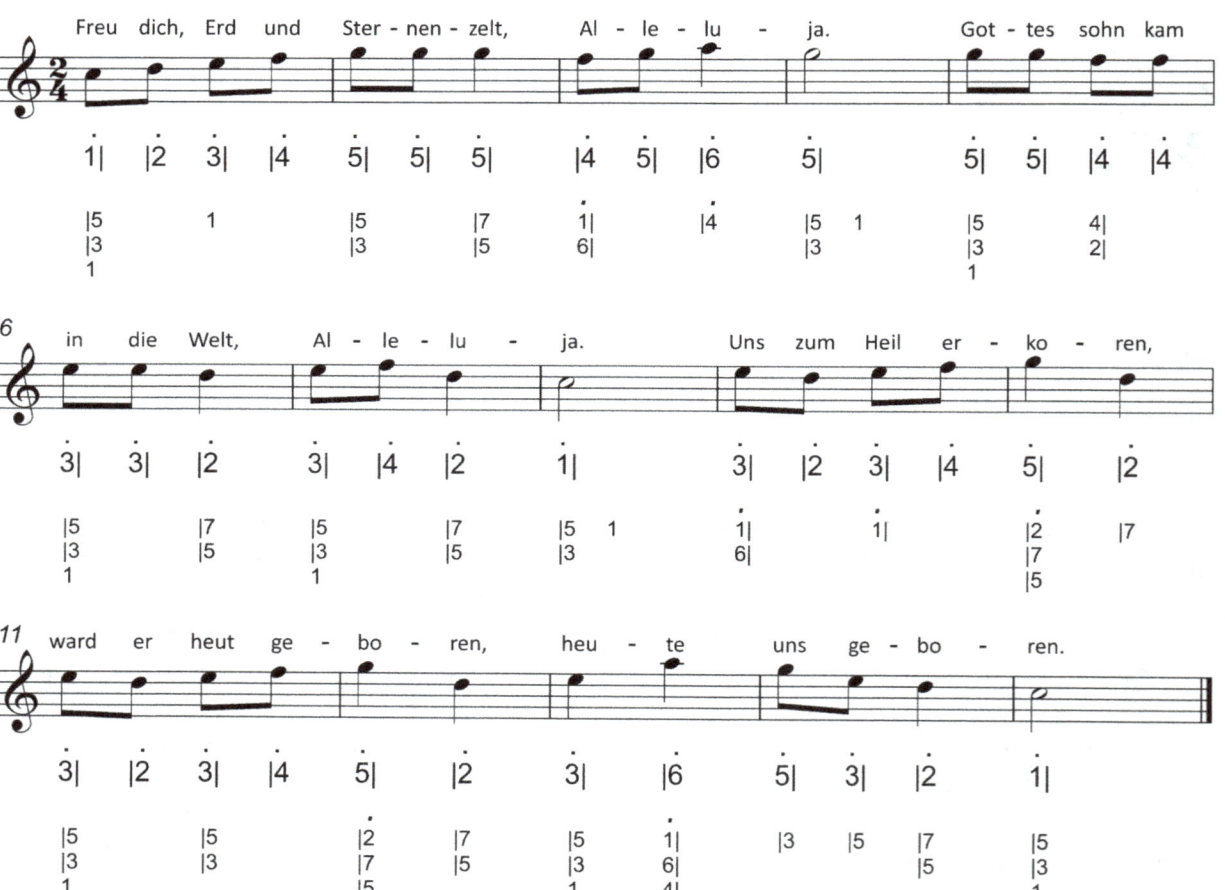

Freu' dich, Erd' und Sternenzelt, Alleluja!
Gottes Sohn kommt in die Welt, Alleluja!
Uns zum Heil erkoren,
ward er heut' geboren,
heute uns geboren!

Seht, der schönsten Rose Flor, Alleluja,
sprießt aus Jesses Zweig hervor! Alleluja!
Uns zum Heil erkoren,
ward er heut' geboren,
heute uns geboren

Freut euch, ihr Hirten all

Altes deutsches Weihnachtslied

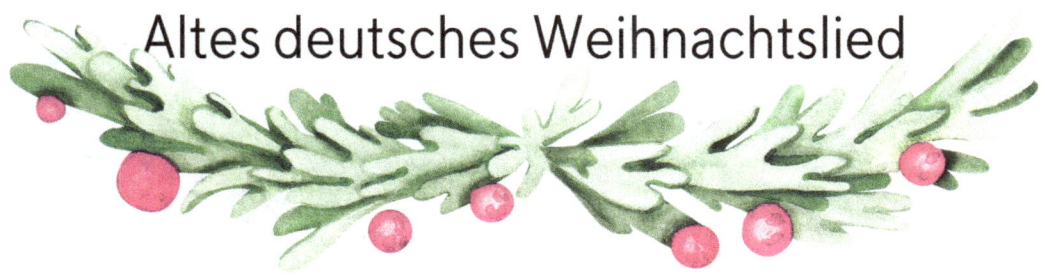

Text: Christian Keimann
Musik: A. Hammerschmidt
Arrangement: Auralie

Takt: 3/4
Tempo: 100 bpm

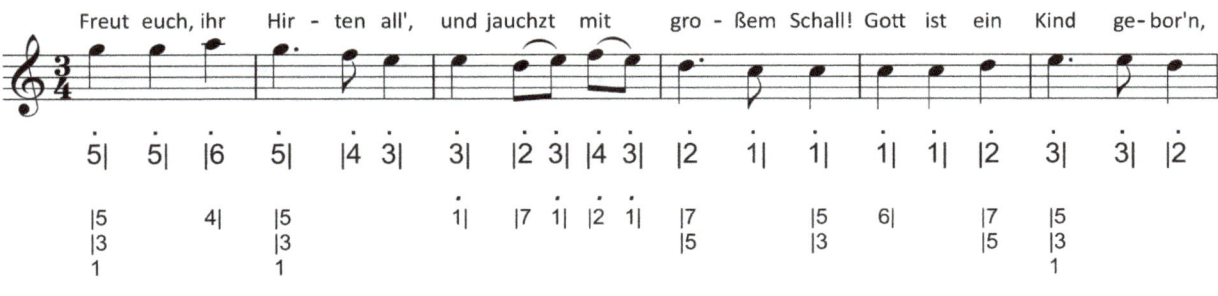

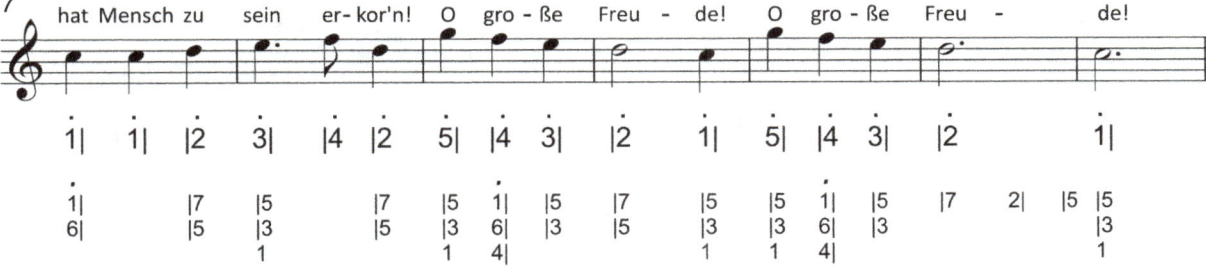

Freut euch, ihr Hirten all',
und jauchzt mit großem Schall!
Gott ist ein Kind gebor'n, hat Mensch zu sein erkor'n!
O große Freude! O große Freude!

Der Glanz der Herrlichkeit
hat sich in uns verkleid't,
die ew'ge Gottsgewalt erscheint in Knechtsgestalt.
O große Freude! O große Freude!

Der hohe Wunderheld,
der Herrscher aller Welt
ist unser Brüderlein, will uns vom Tod befrei'n.
O große Freude! O große Freude!

Das liebe Jesulein
liegt in dem Krippelein,
verkürzt uns alle Pein mit seinen Äugelein.
O große Freude! O große Freude!

Viel tausend Engelein
hört man in Lüften schrei'n,
und uns zu Trost allda erhallt das Gloria.
O große Freude! O große Freude!

Fröhliche Weihnacht überall

Weihnachtslied aus England

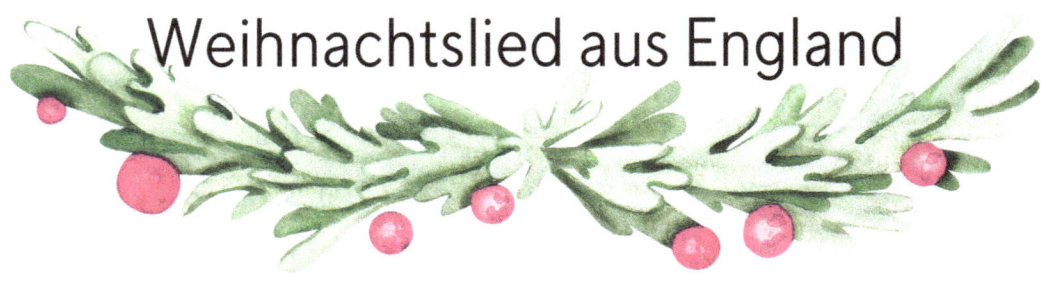

Text u. Musik: unbekannt
Arrangement: Auralie

Takt: 2/4
Tempo: 70 bpm

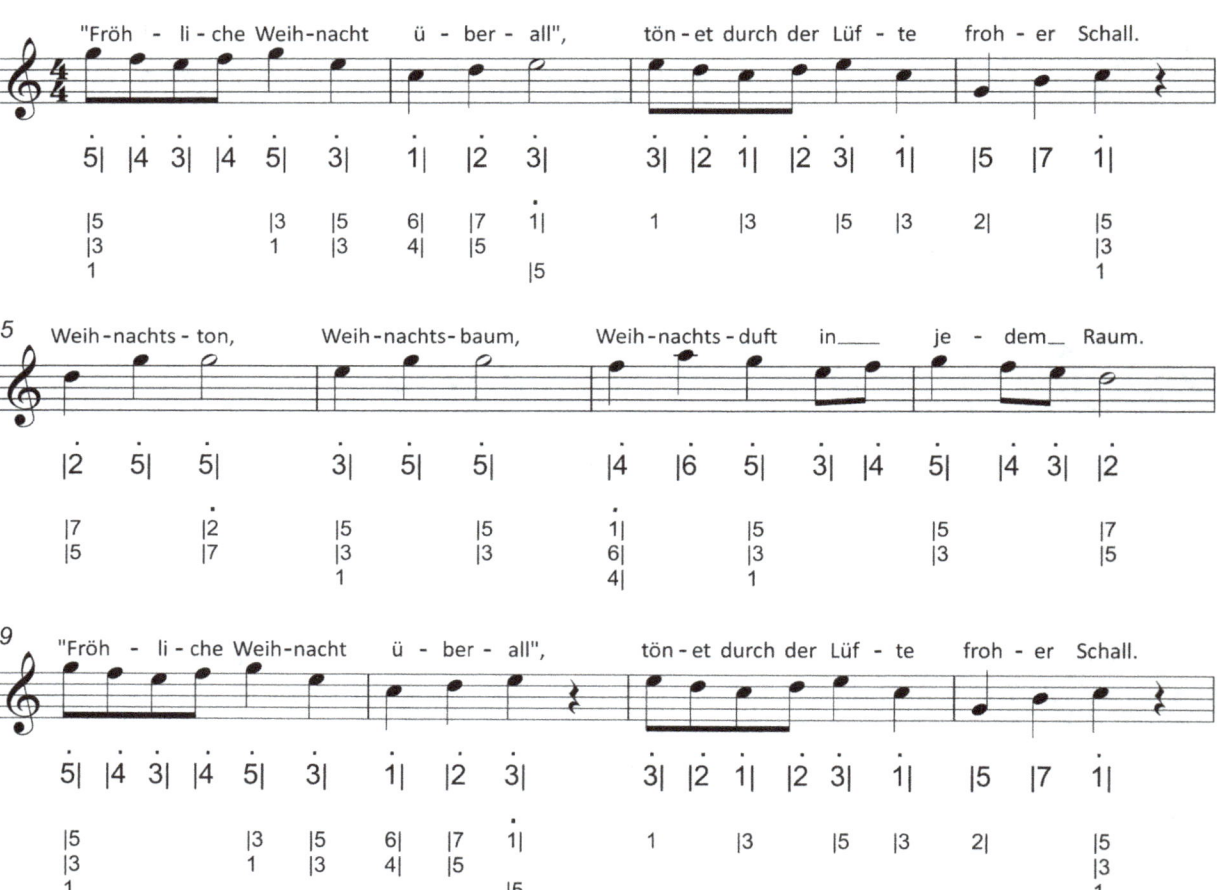

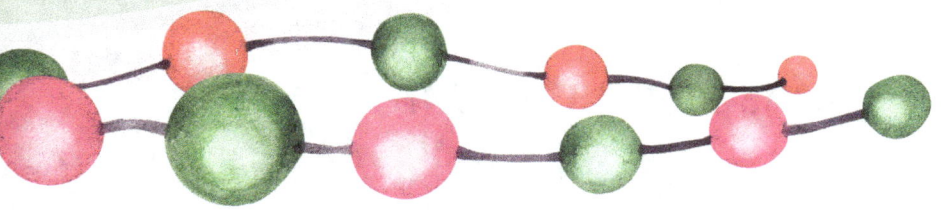

Fröhliche Weihnacht überall

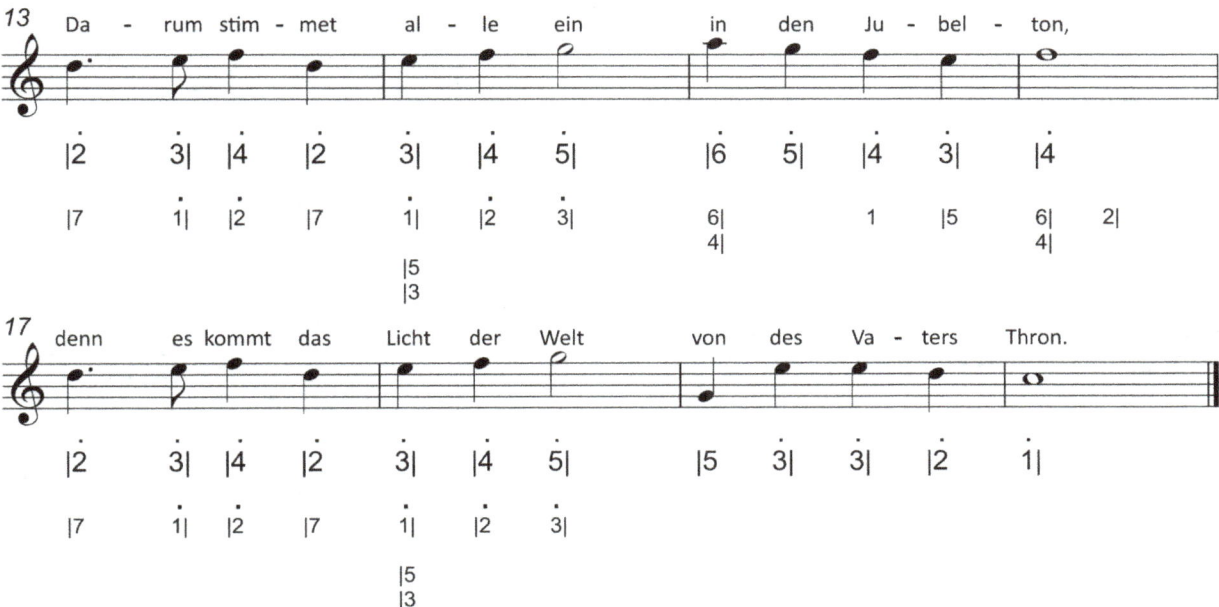

"Fröhliche Weihnacht überall",
tönet durch die Lüfte froher Schall.
Weihnachtston, Weihnachtsbaum,
Weihnachtsduft in jedem Raum!
"Fröhliche Weihnacht überall!"
tönet durch die Lüfte froher Schall.

Darum alle stimmet ein in den Jubelton,
denn es kommt das Licht der Welt
von des Vaters Thron.
"Fröhliche Weihnacht überall",...

Licht auf dunklem Wege, unser Licht bist du;
denn du führst, die dir vertrau'n,
ein zu sel'ger Ruh'.
"Fröhliche Weihnacht überall",...

Was wir ander'n taten, sei getan für dich,
dass bekennen jeder muss,
Christkind kam für mich.
"Fröhliche Weihnacht überall",...

go, tell it on the mountain

Afroamerikanisches Spiritual

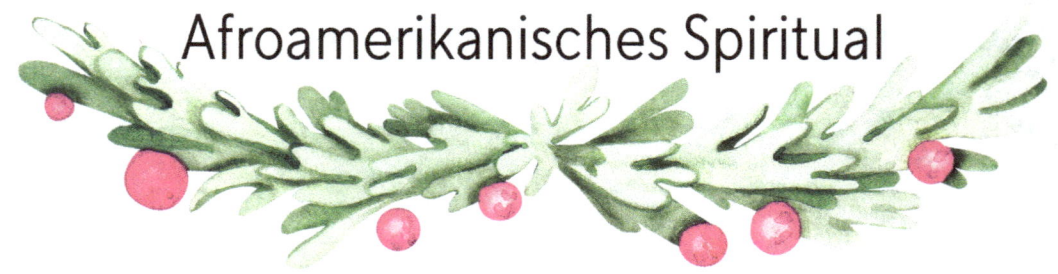

Text u. Musik: unbekannt
Arrangement: Auralie

Takt: 4/4
Tempo: 118 bpm

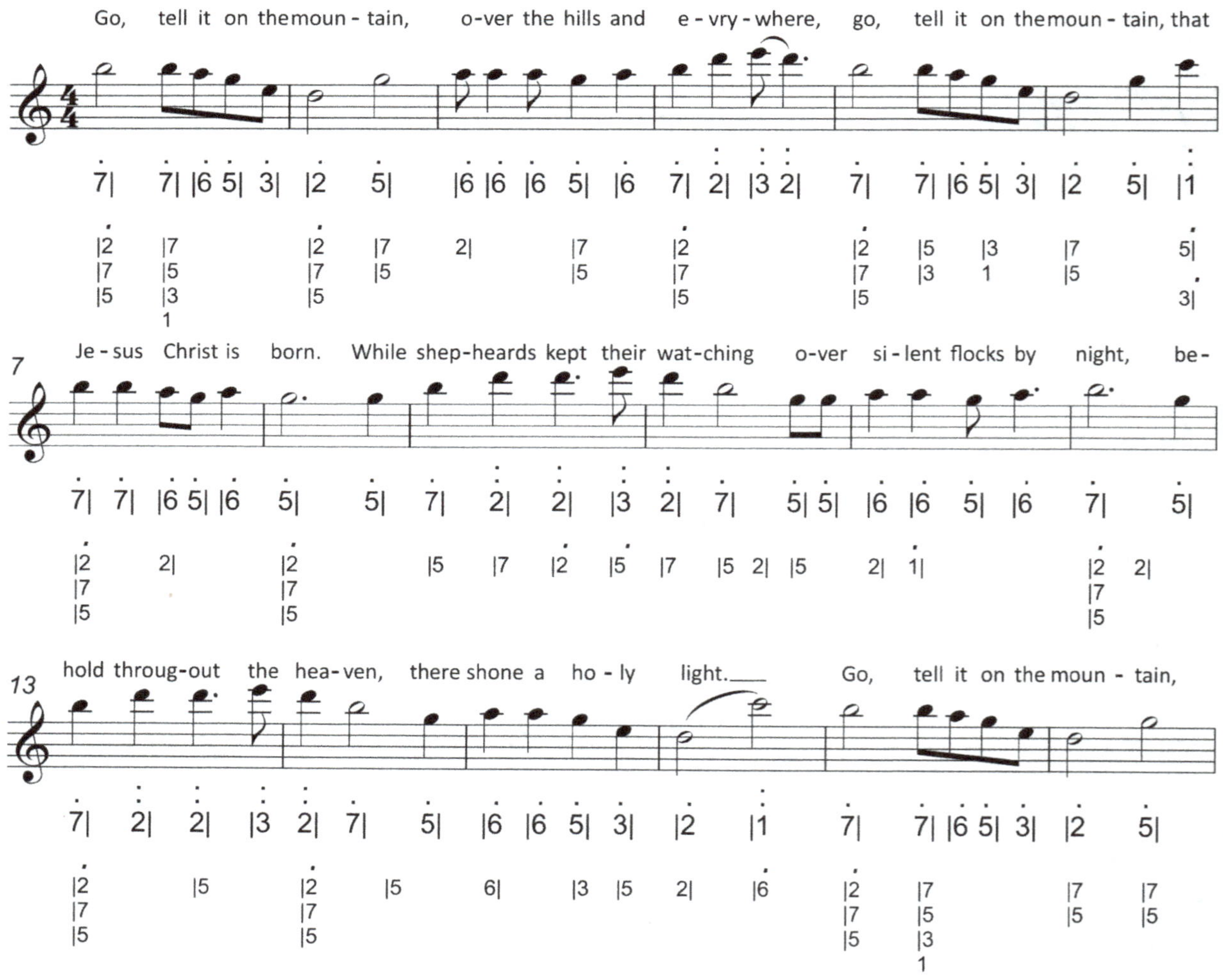

(Notenblatt / sheet music)

40

Go, tell it on the mountain

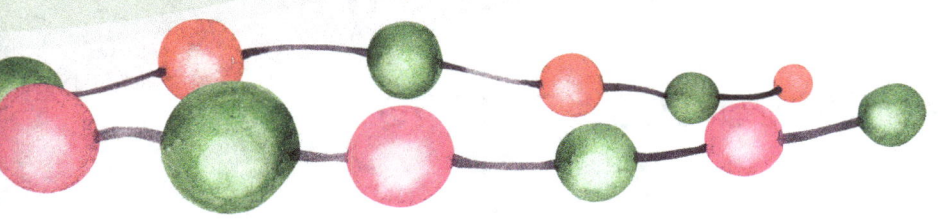

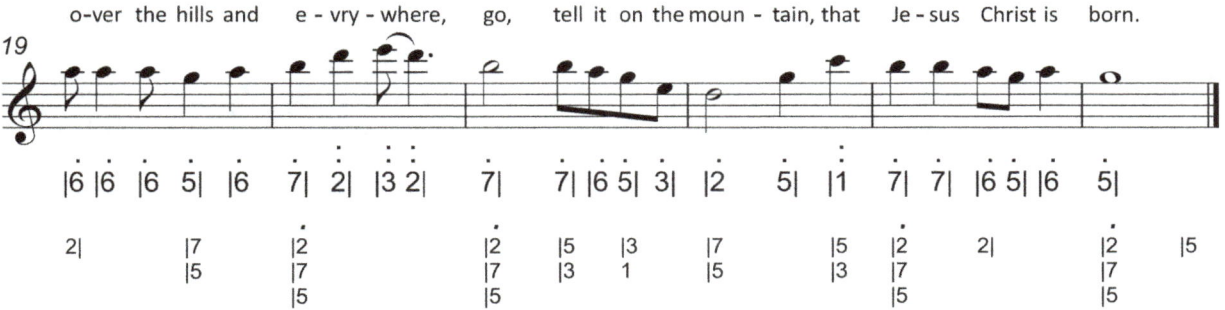

Go, tell it on the mountain
Over the hills and everywhere
Go, tell it on the mountain
That Jesus Christ is born
While shepherds kept their watching
O'er silent flocks by night
Behold throughout the heavens
There shone a holy light
Go, tell it on the mountain...

Go, tell it on the mountain
Over the hills and everywhere
Go, tell it on the mountain
That Jesus Christ is born
The shepherds feared and trembled
When lo above the Earth
Rang out the angel's chorus
That hailed our Savior's birth
Go, tell it on the mountain...

Go, tell it on the mountain
Over the hills and everywhere
Go, tell it on the mountain
That Jesus Christ is born
Down in a lowly manger
Our humble Christ was born
And God sent us salvation
That blessed Christmas morn
Go, tell it on the mountain...

Hark! The Herald Angels sing

Weihnachtslied aus England

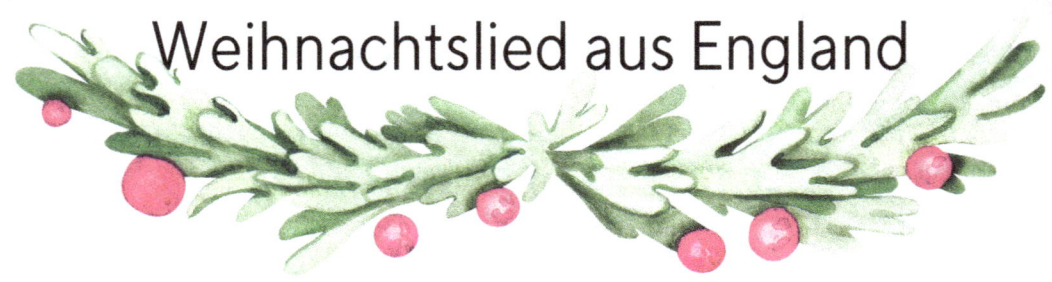

Text: Charles Wesley
Musik: F. Mendelssohn Bartholdy
Arrangement: Auralie

Takt: 4/4
Tempo: 100 bpm

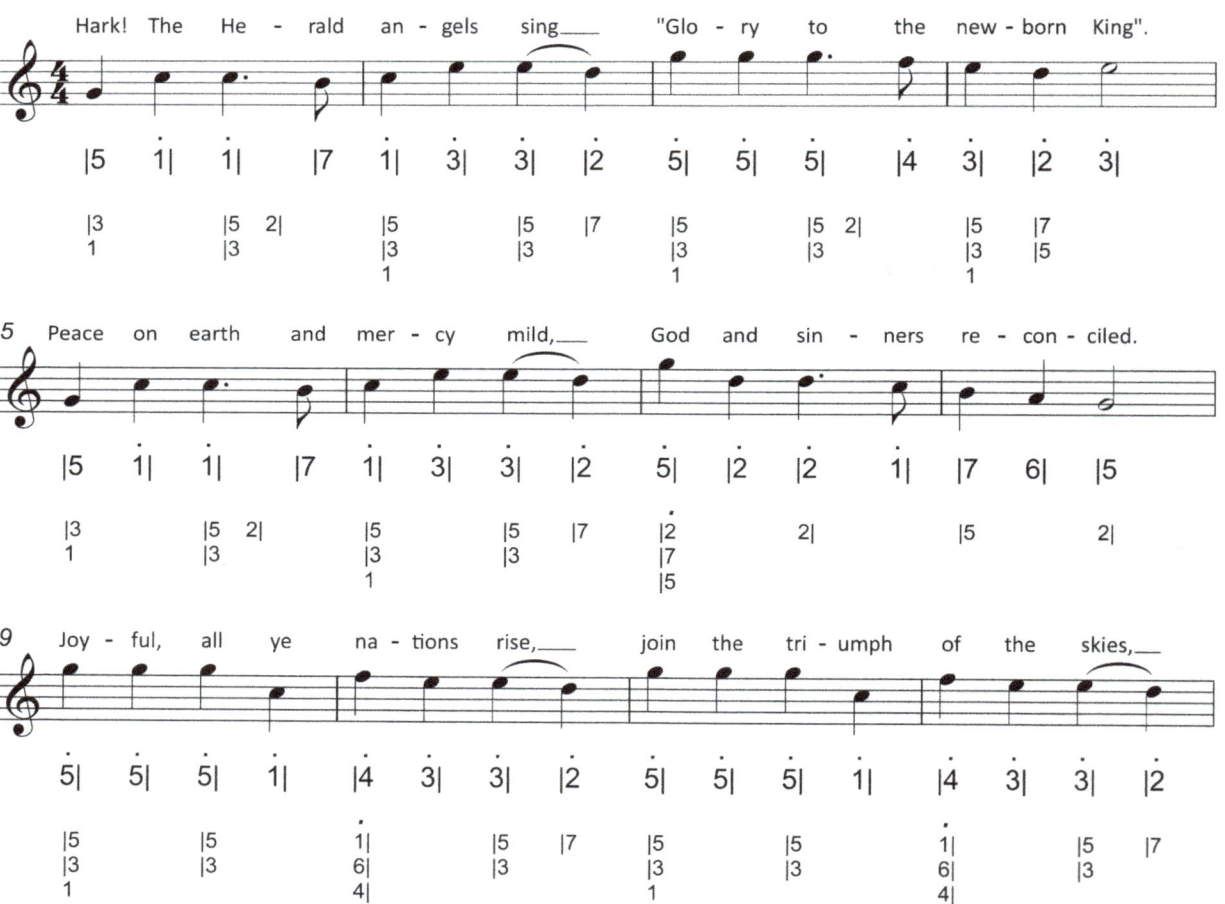

Hark! The Herald Angels Sing

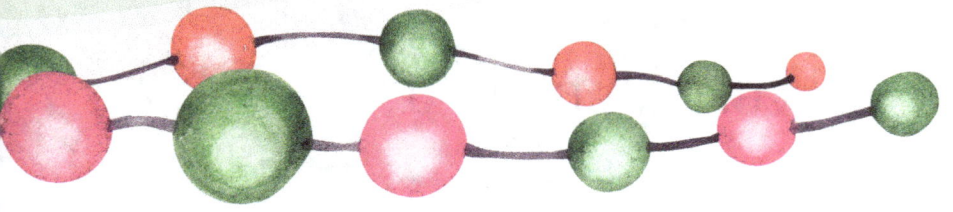

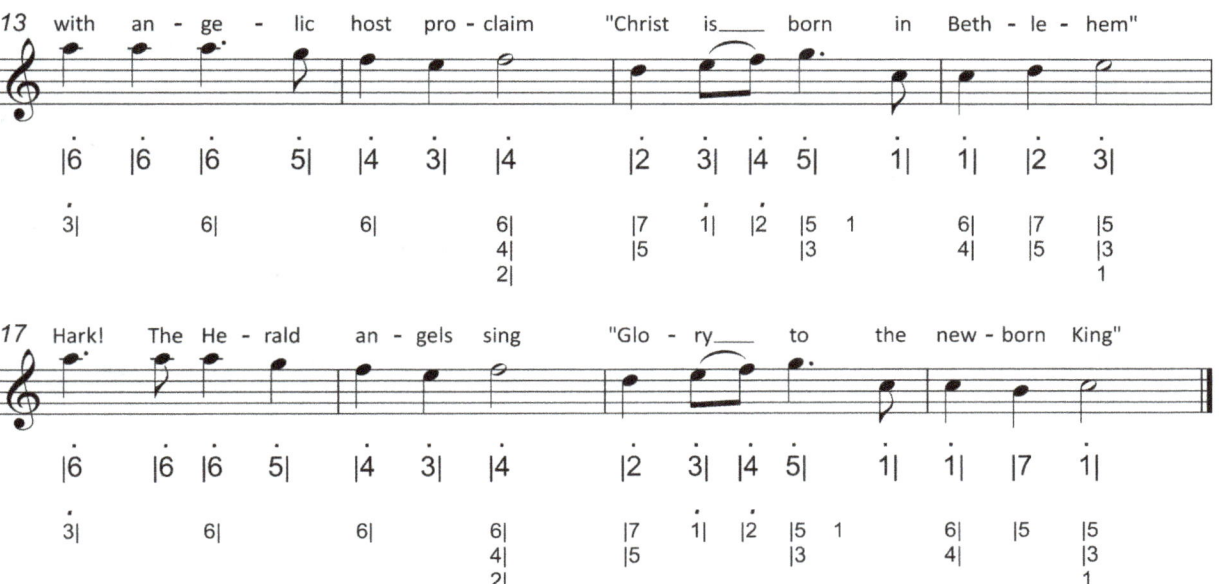

Hark the herald angels sing
"Glory to the newborn King"
Peace on earth and mercy mild
God and sinners reconciled
Joyful, all ye nations rise
Join the triumph of the skies
With angelic host proclaim
"Christ is born in Bethlehem"
Hark, the herald angels sing
"Glory to the newborn King"

Christ by highest heav'n adored
Christ the everlasting Lord
Late in time behold Him come
Offspring of a virgin's womb
Veiled in flesh the Godhead see
Hail the incarnate deity
Pleased as man with man to dwell
Jesus, our Emmanuel
Hark, the herald angels sing
"Glory to the newborn King"

Hail the heav'n born Prince of Peace
Hail the Son of Righteousness
Light and life to all He brings
Risen with healing in His wings
Mild He lays His glory by
Born that man no more may die
Born to raise the sons of earth
Born to give them second birth
Hark, the herald angels sing
"Glory to the newborn King"

Herbei, o ihr Gläubigen

Kirchliches Weihnachtslied

Text: Friedrich H. Ranke
Musik: unbekannt
Arrangement: Auralie

Takt: alla breve
Tempo: 120 bpm

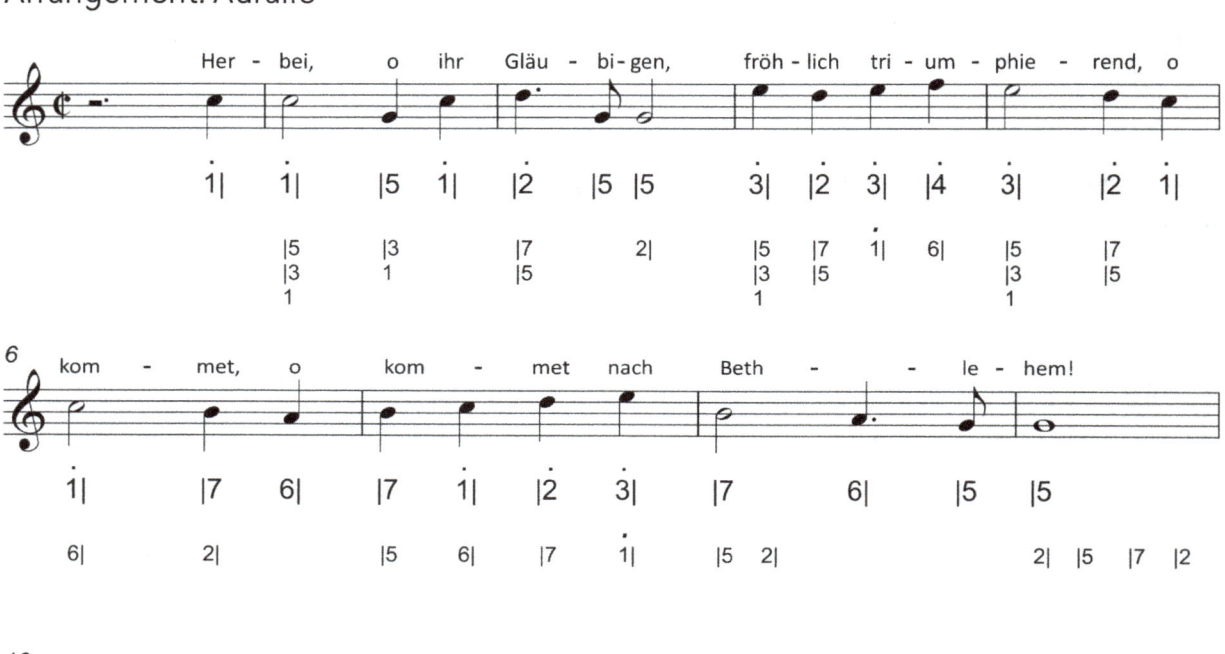

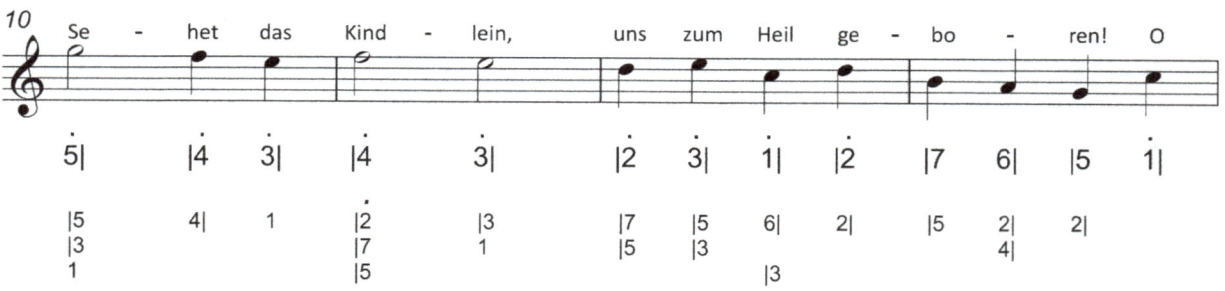

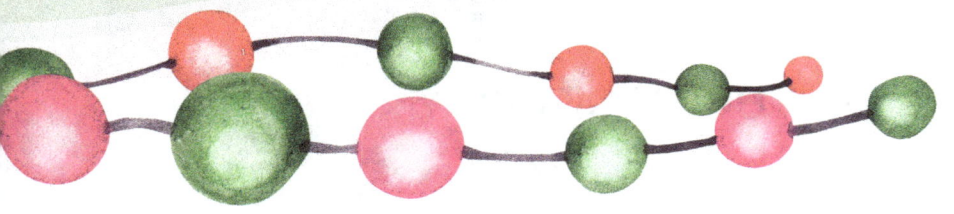

Herbei, o ihr Gläubigen

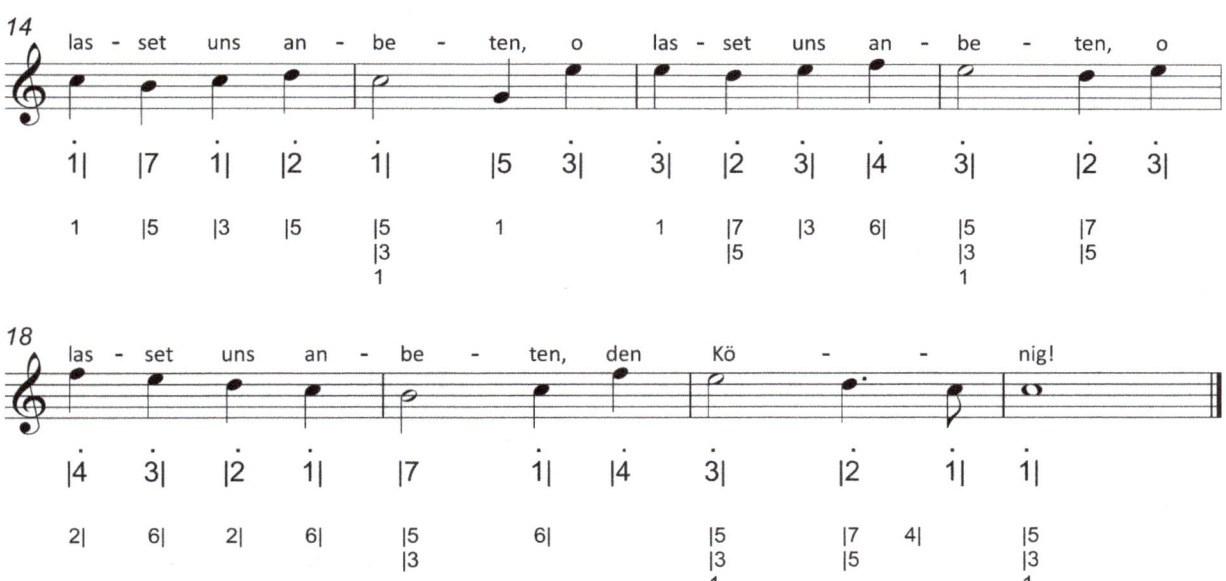

14 las - set uns an - be - ten, o las - set uns an - be - ten, o

1| |7 1| |2 1| |5 3| 3| |2 3| |4 3| |2 3|

1 |5 |3 |5 |5
|3
1
1 |7 |3 6| |5
|3
1
|7
|5

18 las - set uns an - be - ten, den Kö - - nig!

|4 3| |2 1| |7 1| |4 3| |2 1| 1|

2| 6| 2| 6| |5
|3
6| |5
|3
1
|7
|5
4| |5
|3
1

Herbei, o ihr Gläubigen,
fröhlich triumphierend,
o kommet, o kommet nach Bethlehem!
Sehet das Kindlein, uns zum Heil geboren!
O lasset uns anbeten, o lasset uns anbeten,
o lasset uns anbeten den König!

Du König der Ehren,
Herrscher der Heerscharen
verschmähst nicht, zu ruhen in Mariens Schoß.
Gott, wahrer Gott, von Ewigkeit geboren!
O lasset uns anbeten, o lasset uns anbeten,
o lasset uns anbeten den König!

Kommt, singt dem Herren,
o ihr Engelchöre,
frohlocket, frohlocket, ihr Seligen:
Ehre sei Gott im Himmel und auf Erden!
O lasset uns anbeten, o lasset uns anbeten,
o lasset uns anbeten den König!

Dir, der du bist heute
Mensch für uns geboren,
o Jesu, sei Ehre und Preis und Ruhm!
Dir, Fleisch gewordnes Wort des ew'gen Vaters!
O lasset uns anbeten, o lasset uns anbeten,
o lasset uns anbeten den König!

I saw three ships

Englisches Weihnachtslied

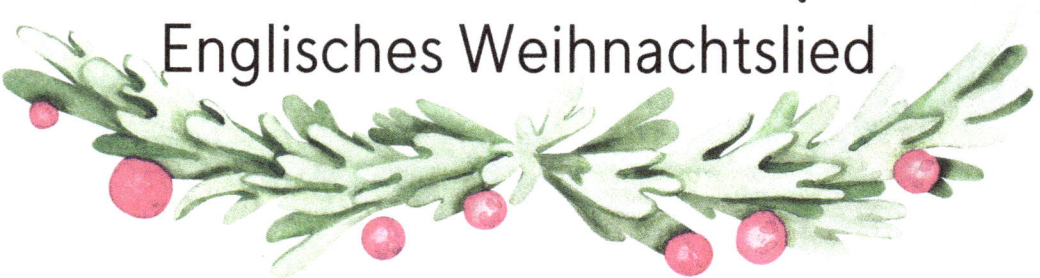

Text u. Musik: unbekannt
Arrangement: Auralie

Takt: 6/8
Tempo: 118 bpm

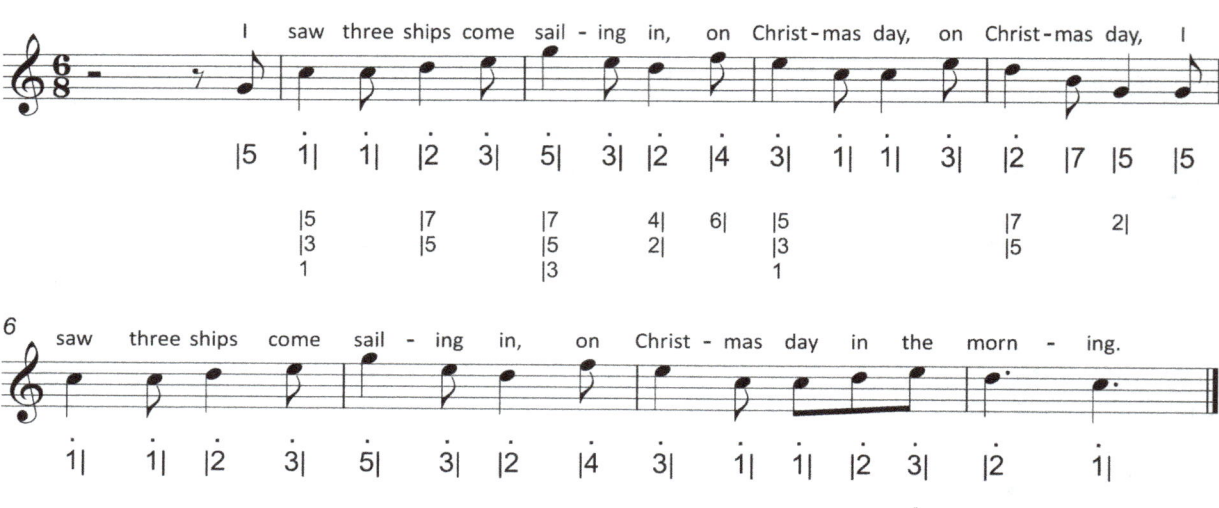

I saw three ships come sailing in,
On Christmas day, on Christmas day;
I saw three ships come sailing in
On Christmas day in the morning.

And what was in those ships all three,
On Christmas day, on Christmas day?
And what was in those ships all three,
On Christmas day in the morning?

Our Savior Christ and His lady,
On Christmas day, on Christmas day;
Our Savior Christ and His lady,
On Christmas day in the morning.

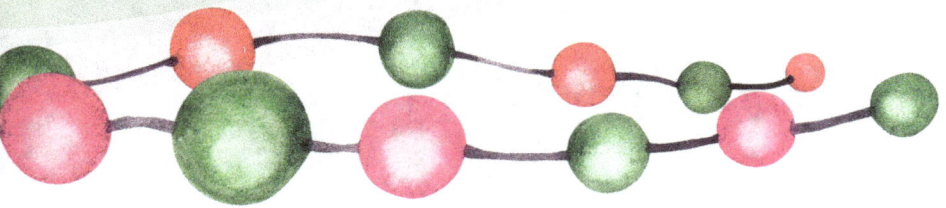

I saw three ships

Pray whither sailed those ships all three,
On Christmas day, on Christmas day?
Pray whither sailed those ships all three,
On Christmas day in the morning?

O they sailed into Bethlehem,
On Christmas day, on Christmas day,
O they sailed into Bethlehem,
On Christmas day in the morning.

And all the bells on Earth shall ring,
On Christmas day, on Christmas day;
And all the bells on Earth shall ring,
On Christmas day in the morning.

And all the angels in Heav'n shall sing,
On Christmas day, on Christmas day;
And all the angels in Heav'n shall sing,
On Christmas day in the morning.

And all the souls on Earth shall sing,
On Christmas day, on Christmas day;
And all the souls on Earth shall sing,
On Christmas day in the morning.

Then let us all rejoice amain,
On Christmas day, on Christmas day;
Then let us rejoice amain,
On Christmas day in the morning.

Ihr Kinderlein kommet

Kirchliches Weihnachtslied

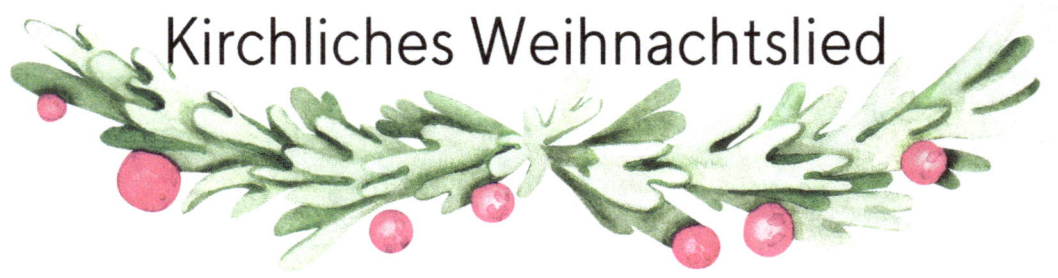

Text: Christoph Schmid
Musik: J.A.P. Schulz
Arrangement: Auralie

Takt: 4/4
Tempo: 120 bpm

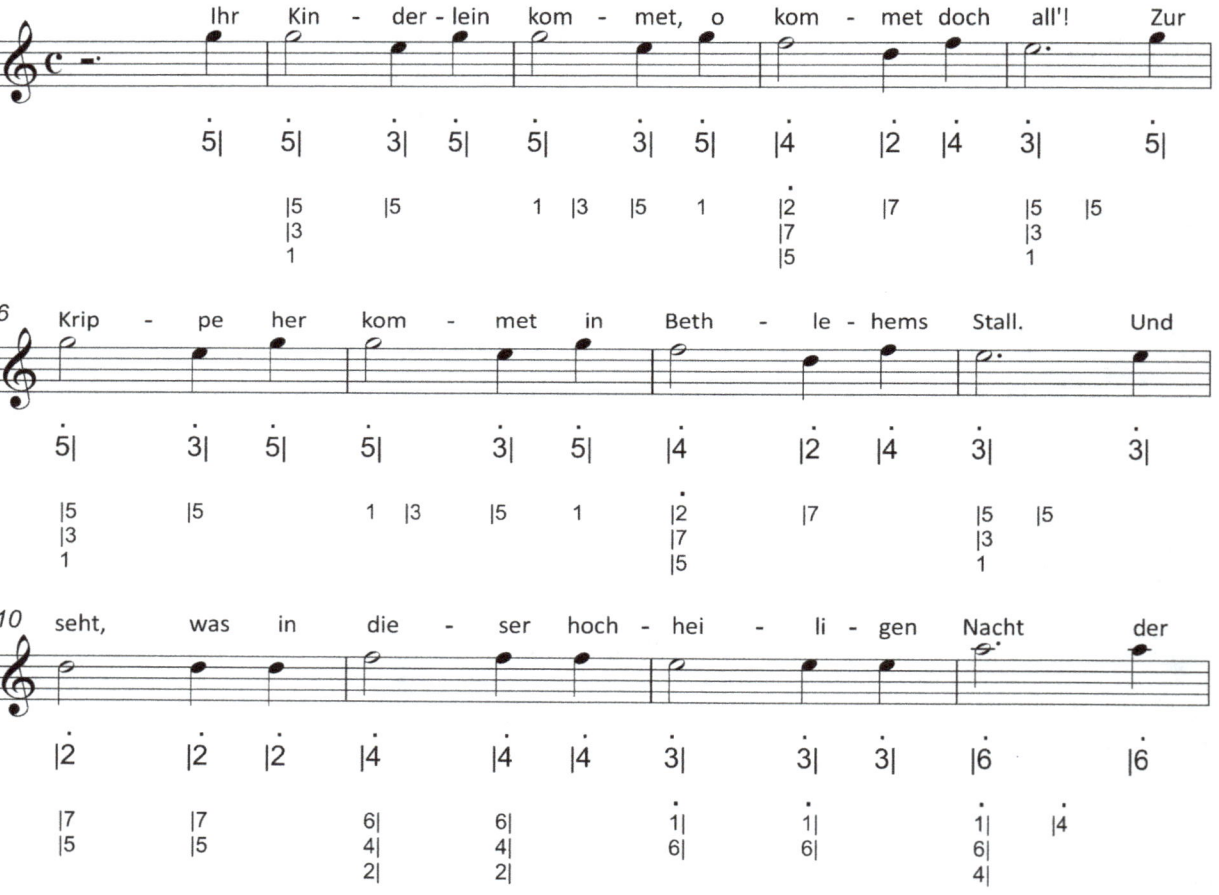

Ihr Kinderlein kommet

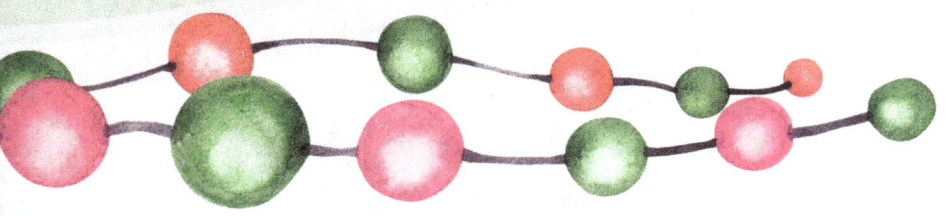

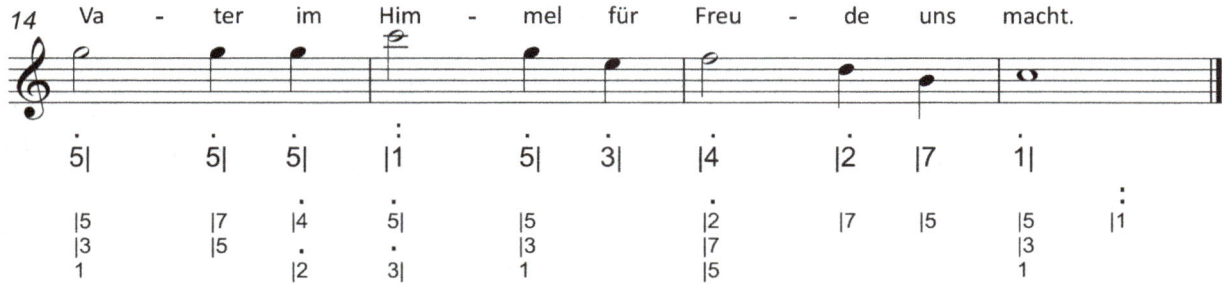

14 Va - ter im Him - mel für Freu - de uns macht.

5| 5| 5| |1   5| 3| |4 |2 |7   1|

|5 |7 |4   5| |5 |2 |7 |5 |5 |1
|3 |5 |3 |7 |3
1 |2   3| 1 |5   1

Ihr Kinderlein kommet, o kommet doch all'!
Zur Krippe her kommet in Bethlehems Stall.
Und seht, was in dieser hochheiligen Nacht
der Vater im Himmel für Freude uns macht.

O seht in der Krippe, im nächtlichen Stall,
seht hier bei des Lichtleins hellglänzendem Strahl,
den lieblichen Knaben, das himmlische Kind,
viel schöner und holder, als Engelein sind.

Da liegt es - das Kindlein - auf Heu und auf Stroh;
Maria und Josef betrachten es froh;
die redlichen Hirten knie'n betend davor,
hoch oben schwebt jubelnd der Engelein Chor.

Manch Hirtenkind trägt wohl mit freudigem Sinn
Milch, Butter und Honig nach Betlehem hin;
ein Körblein voll Früchte, das purpurrot glänzt,
ein schneeweißes Lämmchen mit Blumen bekränzt.

O betet: Du liebes, Du göttliches Kind
was leidest Du alles für unsere Sünd'!
Ach hier in der Krippe schon Armut und Not,
am Kreuze dort gar noch den bitteren Tod.

O beugt wie die Hirten anbetend die Knie,
erhebet die Hände und danket wie sie!
Stimmt freudig, ihr Kinder, wer wollt sich nicht freu'n,
stimmt freudig zum Jubel der Engel mit ein!

Was geben wir Kinder, was schenken wir Dir,
du Bestes und Liebstes der Kinder, dafür?
Nichts willst Du von Schätzen und Freuden der Welt -
ein Herz nur voll Unschuld allein Dir gefällt.

So nimm unsre Herzen zum Opfer denn hin;
wir geben sie gerne mit fröhlichem Sinn -
und mache sie heilig und selig wie Dein's,
und mach sie auf ewig mit Deinem nur Eins.

In dulci jubilo

Weihnachtslied aus dem 15. Jh.

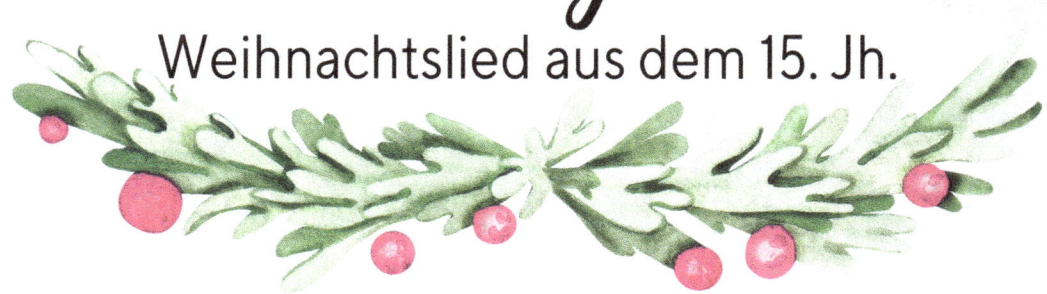

Text: Heinrich Seuse
Musik: J.A.P. Schulz
Arrangement: Auralie

Takt: 6/4
Tempo: 140 bpm

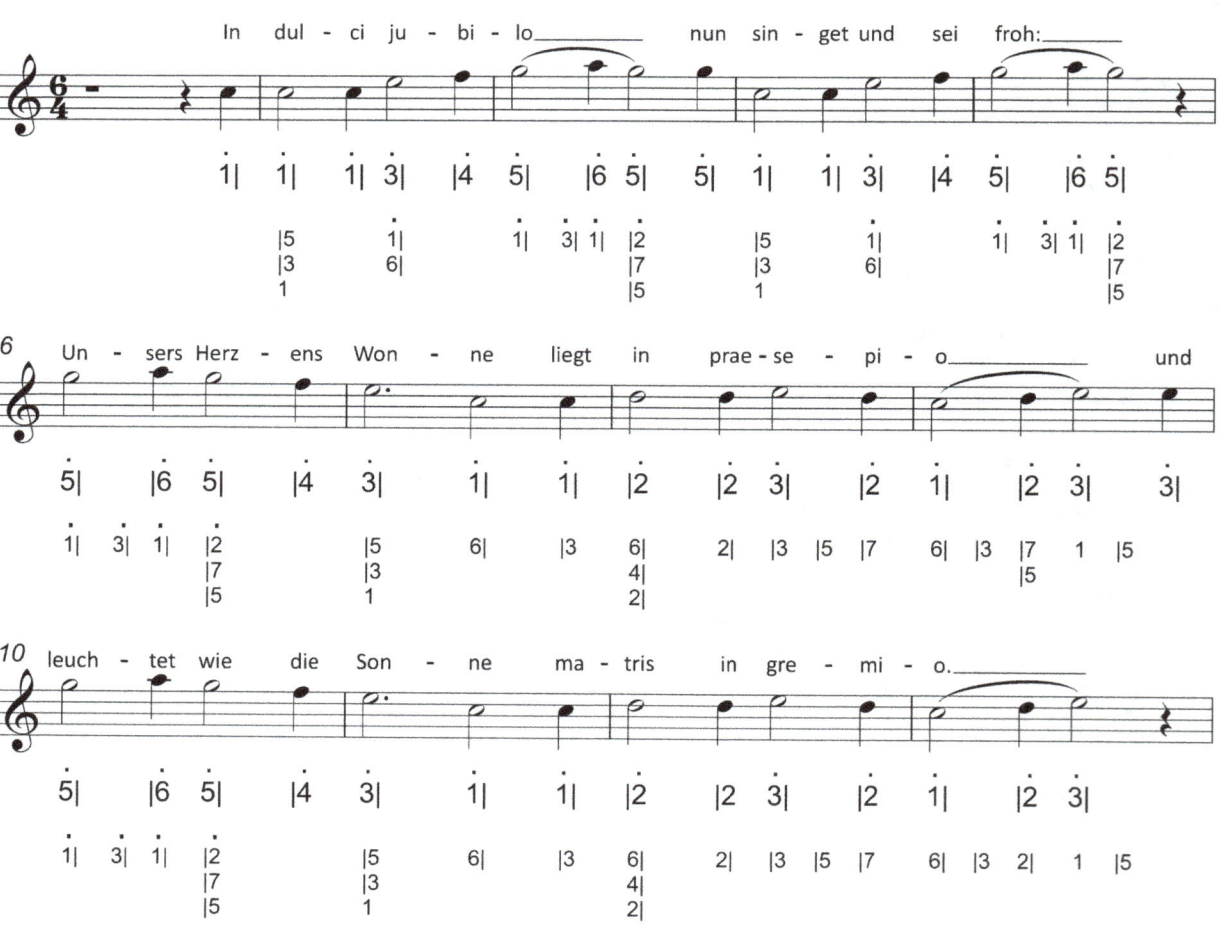

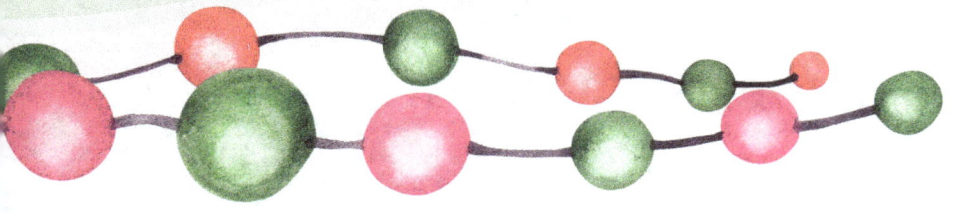

In dulci jubilo

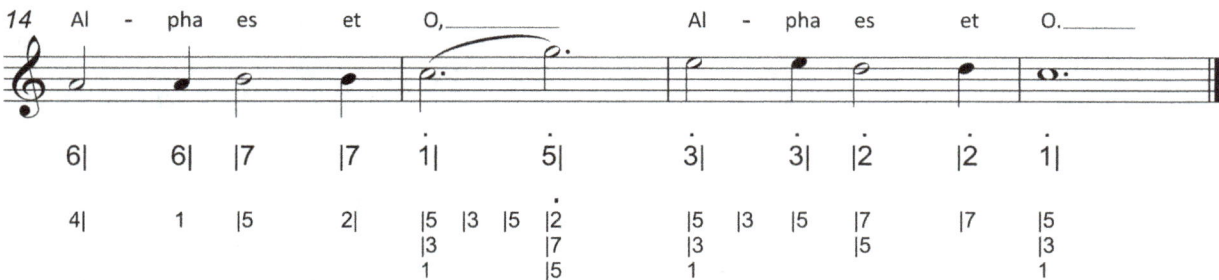

In dulci jubilo
nun singet und sei froh:
Unsers Herzens Wonne
liegt in praesepio
und leuchtet wie die Sonne
matris in gremio.
|: Alpha es et O.:|

O Jesu parvule,
nach dir ist mir so weh.
Tröst mir mein Gemüte,
o puer optime.
Durch alle deine Güte,
o princeps gloriae,
|: trahe me post te! :|

Ubi sunt gaudia?
Nirgend mehr denn da,
da die Engel singen
nova cantica,
Und die Schellen klingen
in regis curia.
|: Eia, wär'n wir da! :|

Mater et filia
ist Jungfrau Maria;
wir wären gar verloren
per nostra crimina:
So hast du uns erworben
celorum gaudia.
|: Maria, hilf uns da! :|

Nun singet und seid froh,
Jauchzt alle und sagt so:
Unser Herzens Wonne
Liegt in der Krippe bloß
Und leucht' als die Sonne
In seiner Mutter Schoß.
|: Du bist A und O. :|

Sohn Gottes in der Höh',
Nach dir ist mir so weh!
Tröst mir mein Gemüte,
O Kindlein zart und rein,
Durch alle deine Güte
O liebstes Jesulein!
|: Zeuch mich hin nach dir! :|

Groß ist des Vaters Huld:
Der Sohn tilgt uns unsere Schuld;
Wir war'n all' verdorben.
Durch Sünd' und Eitelkeit
So hat er uns erworben
Die Ewig Himmelsfreud'.
|: Eia, wär'n wir da! :|

Wo ist der Freuden Ort?
Nirgends mehr denn dort,
Da die Engel singen
Mit den Heil'gen all'
Und die Psalmen klingen,
Im hohen Himmelssaal.
|: Eia, wär'n wir da! :|

Jingle bells

Amerikanisches Winterlied

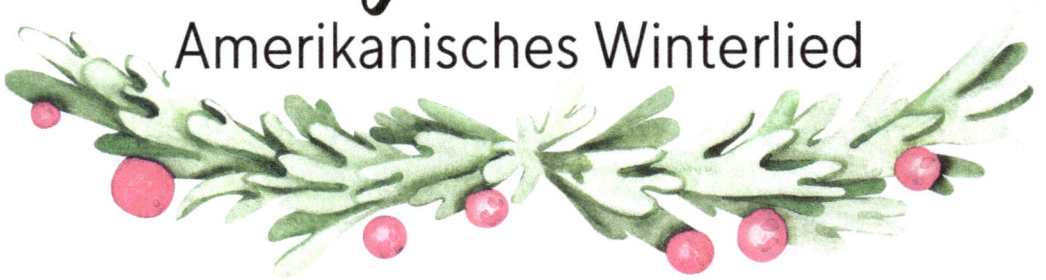

Text u. Musik: J. Lord Pierpont
Arrangement: Auralie

Takt: alla breve
Tempo: 156 bpm

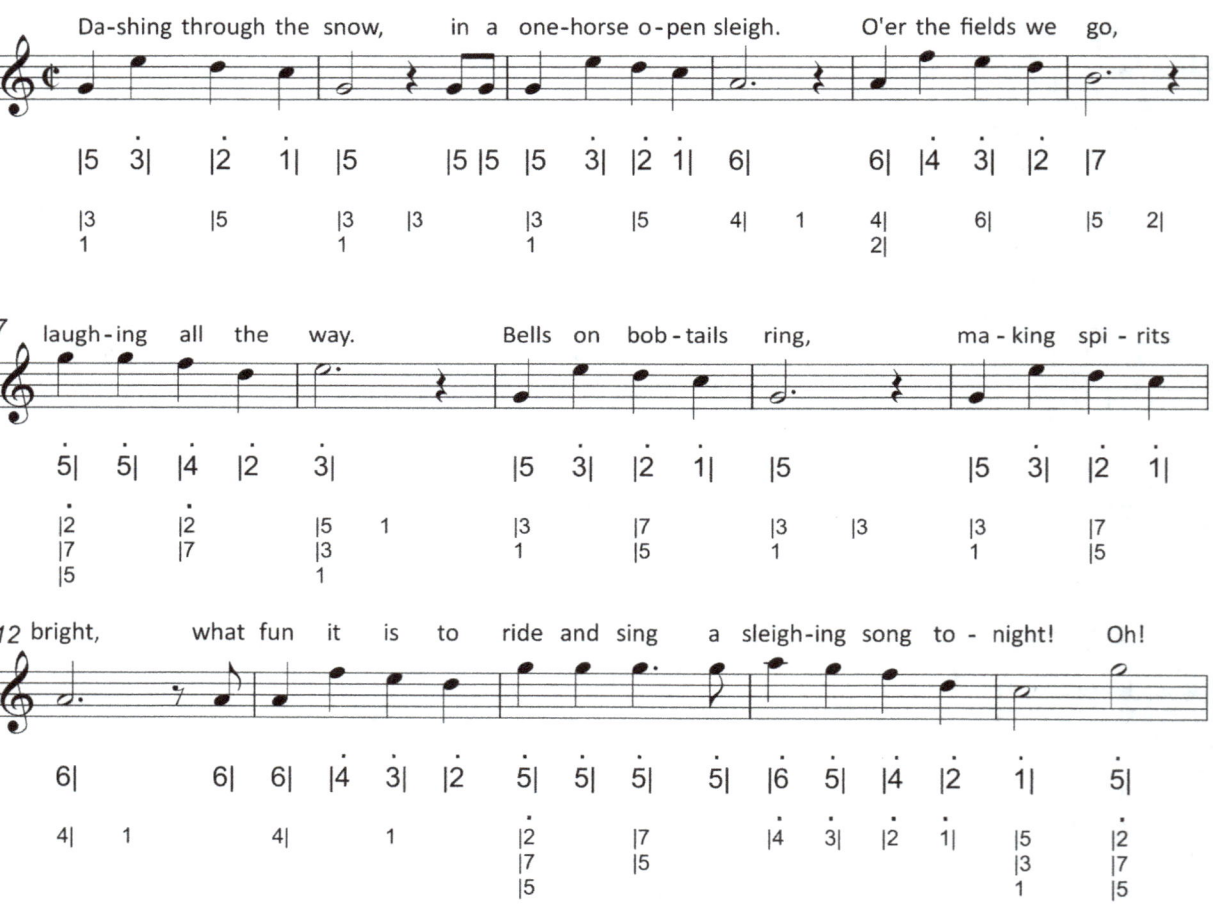

Jingle bells

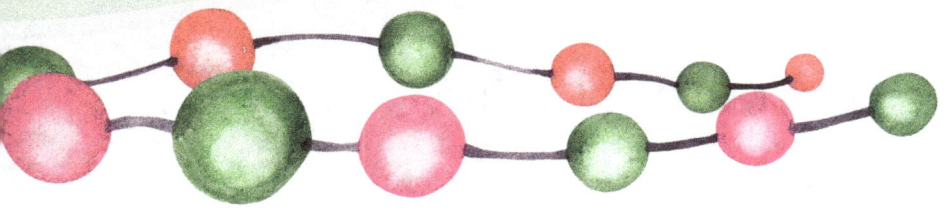

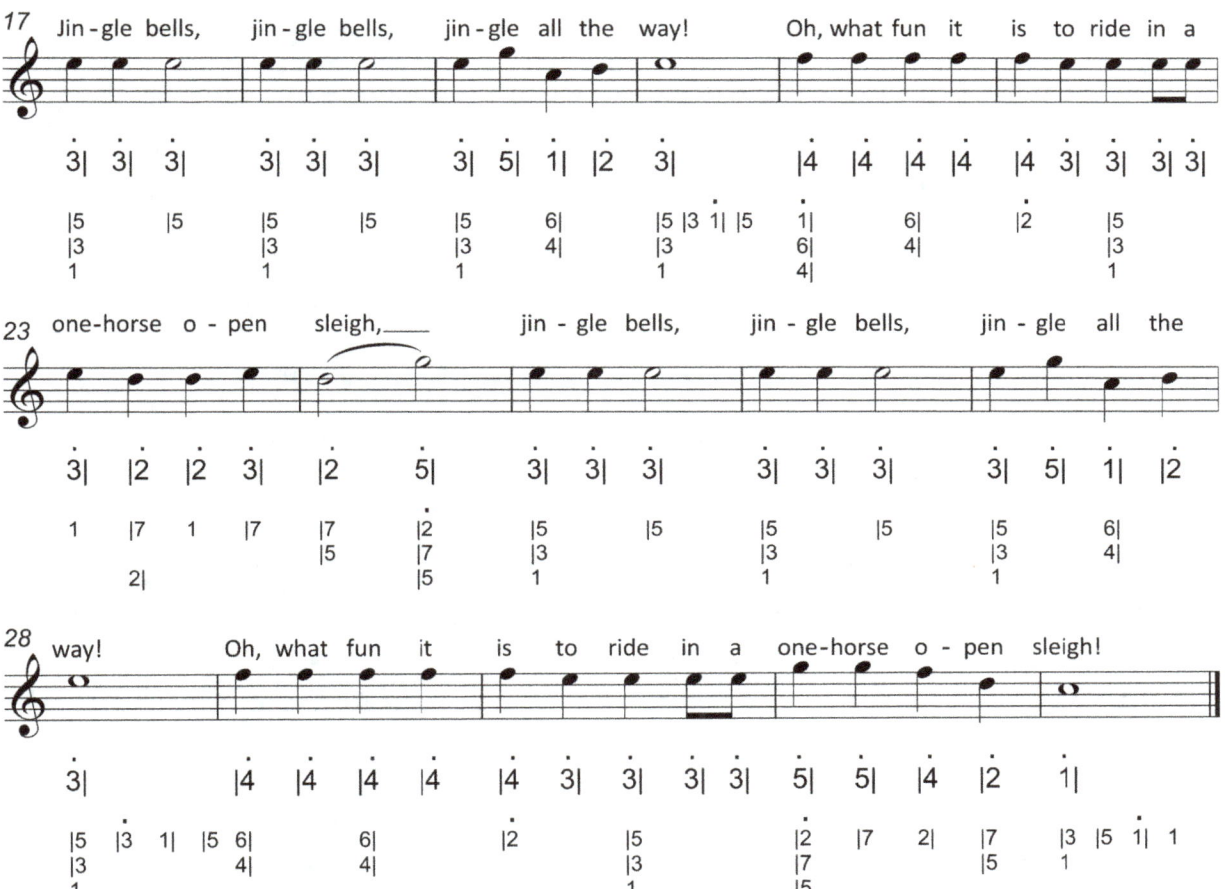

A day or two ago
I thought I'd take a ride
And soon Miss Fannie Bright
Was seated by my side,
The horse was lean and lank
Misfortune seem'd his lot
He got into a drifted bank
And then we got up sot.
|: Jingle bells, Jingle bells,
Jingle all the way;
Oh! what joy it is to ride
In a one horse open sleigh. :|

A day or two ago
The story I must tell
I went out on the snow
And on my back I fell
A gent was riding by
In a one-horse open sleigh
He laughed as there I sprawling lie
But quickly drove away
|: Jingle bells, Jingle bells,
Jingle all the way;
Oh! what joy it is to ride
In a one horse open sleigh. :|

Now the ground is white
Go it while you're young
Take the girls tonight
And sing this sleighing song
Just get a bobtailed bay
Two forty as his speed
Hitch him to an open sleigh
And crack, you'll take the lead
|: Jingle bells, Jingle bells,
Jingle all the way;
Oh! what joy it is to ride
In a one horse open sleigh. :|

Jauchzet, ihr Himmel

Deutsches Weihnachtslied

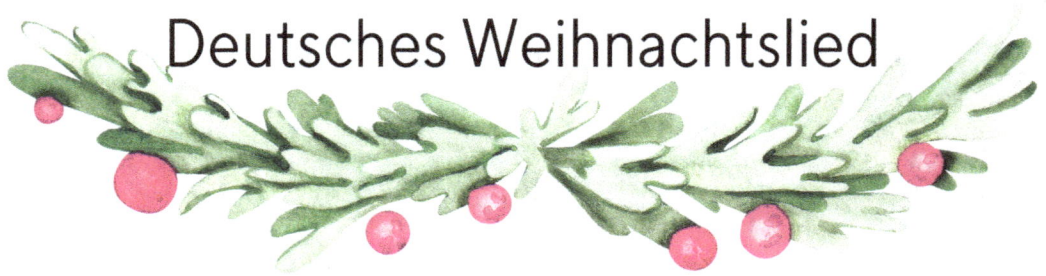

Text: Gerhard Tersteegen
Musik: Joachim Neander
Arrangement: Auralie

Takt: 3/4
Tempo: 100 bpm

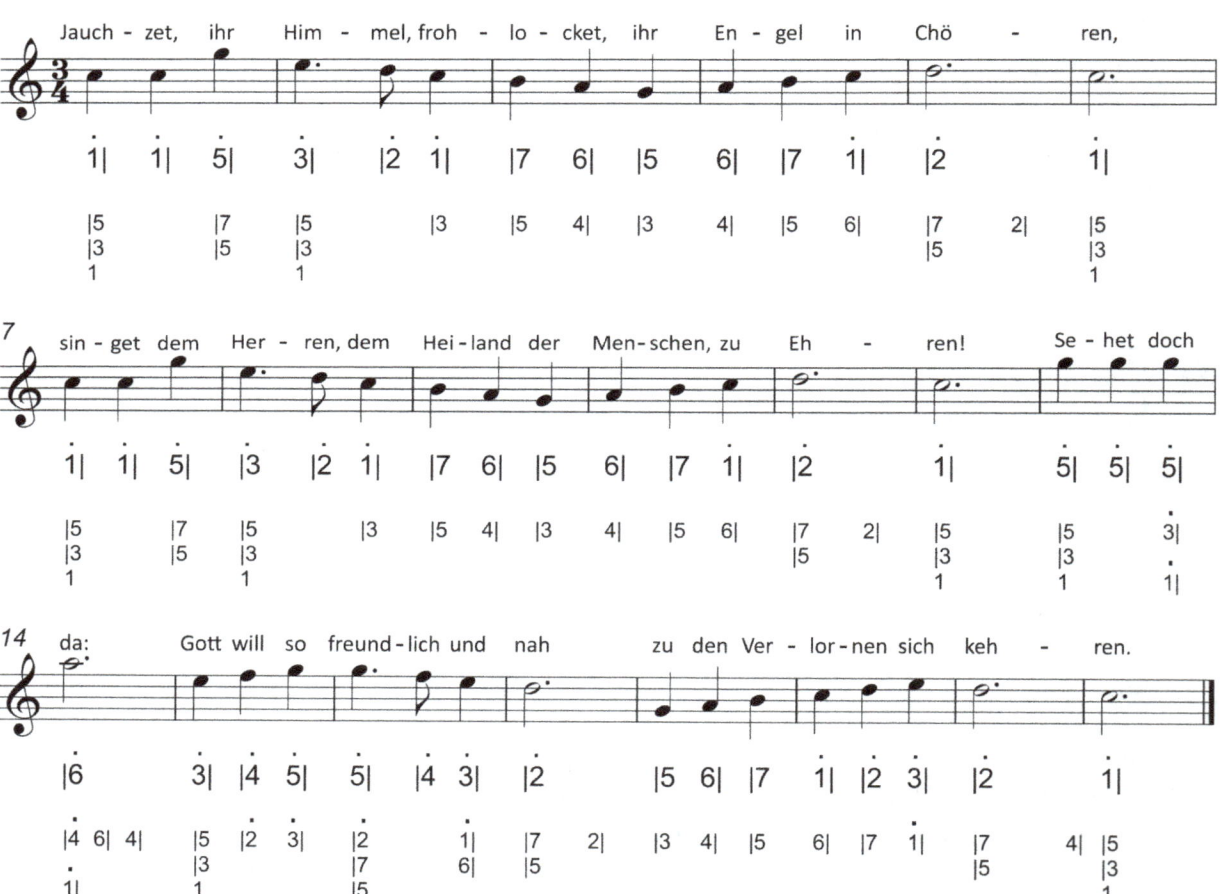

Jauchzet, ihr Himmel, frohlocket, ihr Enden der Erden!
Gott und der Sünder, die sollen zu Freunden nun werden.
Friede und Freud wird uns verkündiget heut; freuet euch, Hirten und Herden!

Sehet dies Wunder, wie tief sich der Höchste hier beuget;
sehet die Liebe, die endlich als Liebe sich zeigt.
Gott wird ein Kind, traget und hebet die Sund: Alles anbetet und schweiget.

Joseph, lieber Joseph mein

Altes deutsches Wiegenlied

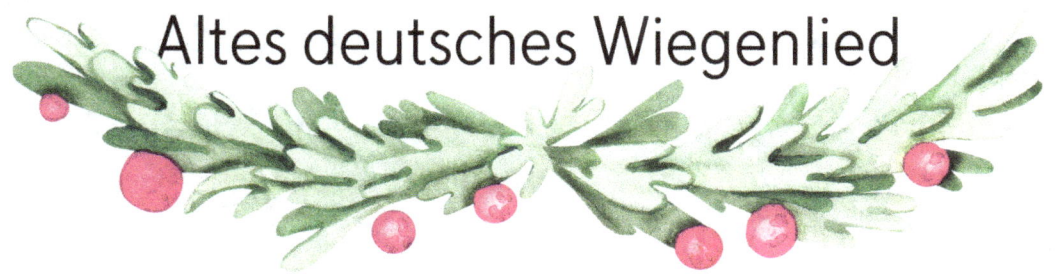

Text u. Musik: Mönch von Salzburg
Arrangement: Auralie

Takt: 3/4
Tempo: 140 bpm

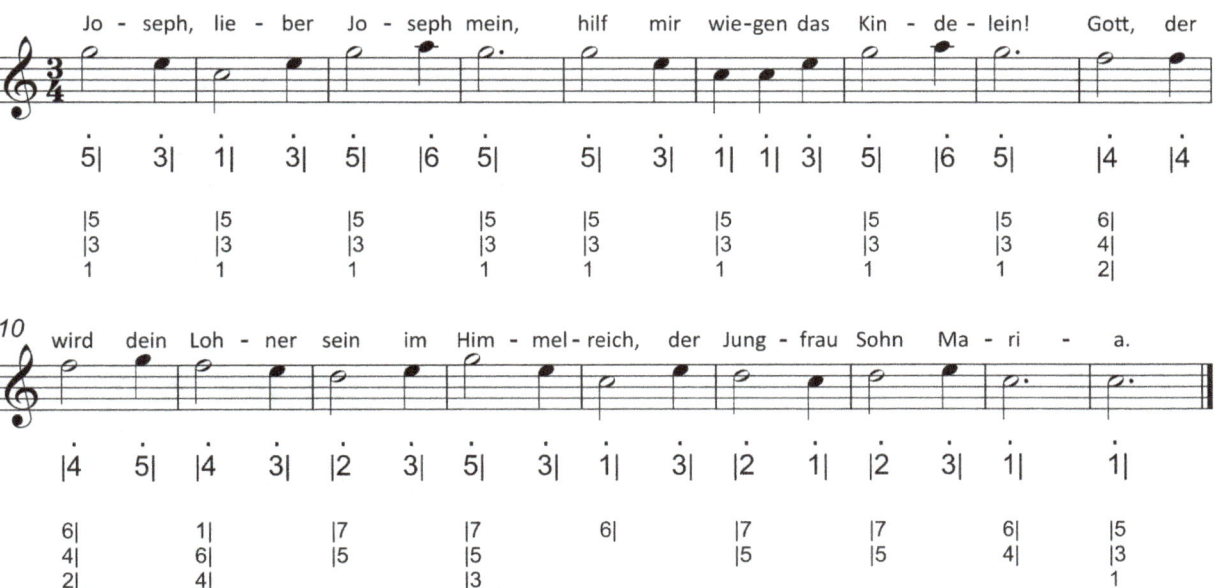

Joseph, lieber Joseph mein,
hilf mir wiegen das Kindelein!
Gott, der wird dein Lohner sein
im Himmelreich,
der Jungfrau Sohn Maria.

Gerne, liebe Muhme mein,
helf' ich wiegen dein Kindelein,
Gott, der wird mein Lohner sein
im Himmelreich,
der Jungfrau Sohn Maria.

Freu' dich nun, o Christenschar!
Der himmlische König klar
nahm die Menschheit offenbar,
den uns gebar
die reine Magd Maria.

Alle Menschen sollen zwar
mit ganzen Freuden kommen dar,
damit jeder nun erfahr',
den uns gebar
die reine Magd Maria.

Süßer Jesu auserkor'n,
weißt wohl, daß wir war'n verlor'n:
Stille deines Vaters Zorn!
Dich hat gebor'n
die reine Magd Maria.

Himmlisch' Kind, o großer Gott,
leidest in der Krippn Not.
Machst die Sünder frei vom Tod,
du englisch' Brot,
das uns gebar Maria.

Joy to the world

Angelsächsisches Weihnachtslied

Text: Isaac Watts
Musik: Georg F. Händel
Arrangement: Auralie

Takt: 4/4
Tempo: 88 bpm

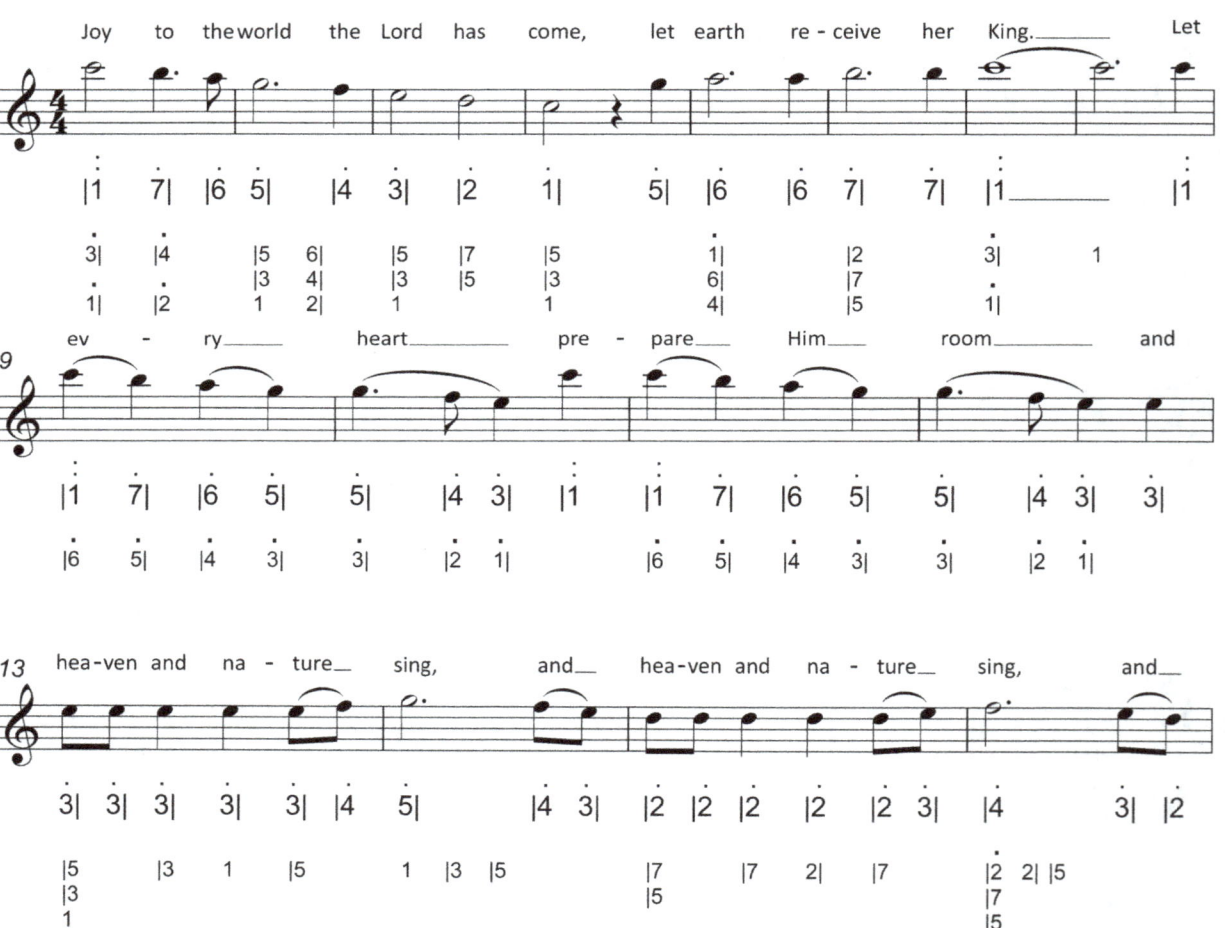

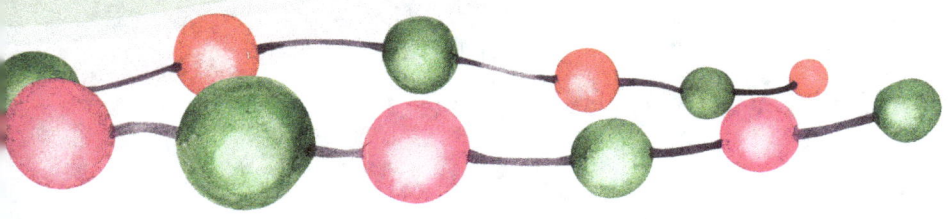

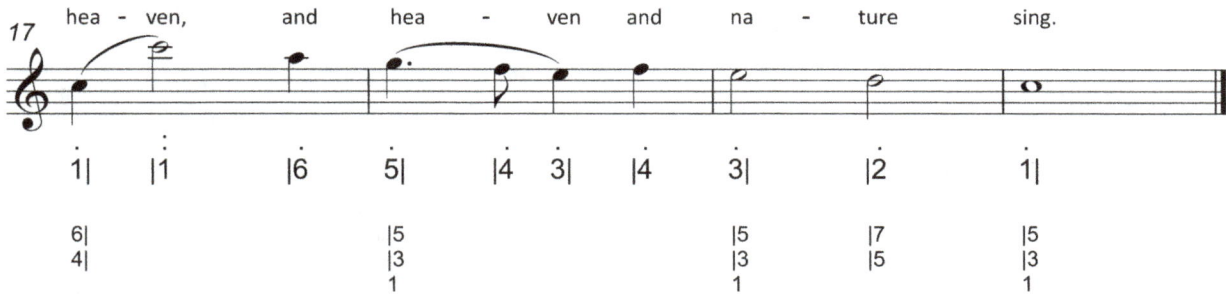

Joy to the world! The Lord is come.
Let earth receive her King;
Let every heart prepare Him room;
And heaven and nature sing,
And heavenn and nature sing.
And heaven and heaven and nature sing.

Joy to the world, the Savior reigns
Let men their songs employ.
While fields and floods, rocks, hills, and plains
Repeat the sounding joy,
Repeat the sounding joy
Repeat, repeat the sounding joy

No more let sin and sorrows grow,
Nor thorns infest the ground;
He comes to make His blessings flow
Far as the curse is found,
Far as the curse is found,
Far as, far as the curse is found.

He rules the world with truth and grace,
And makes the nations prove
The glories of His righteousness.
And wonders of His love,
And wonders of His love,
And wonders, wonders of His love.

Kommet, ihr Hirten

Altböhmisches Weihnachtslied

Text: Carl Riedel
Musik: unbekannt
Arrangement: Auralie

Takt: 3/4
Tempo: 106 bpm

Kom - met,_ ihr__ Hir - ten,_ ihr__ Män - ner__ und_ Fraun,

| 5\| | 5\| | 3\| | \|6 | \|4 | 5\| | 5\| | 3\| | \|6 | \|4 | 5\| | 3\| | 5\| | \|2 | 3\| | 1\| |

|5		1|	|5		1|	|5			|7		|5	3	5
|3		6|	|3		6|	|3			|5		|3		
1		4|	1		4|	1					1		

kom - met,_ das__ lieb - li - che__ Kind - lein__ zu__ schaun,

| 5\| | 5\| | 3\| | \|6 | \|4 | 5\| | 5\| | 3\| | \|6 | \|4 | 5\| | 3\| | 5\| | \|2 | 3\| | 1\| |

|5		1|	|5		1|	|5			|7		|5	3	5
|3		6|	|3		6|	|3			|5		|3		
1		4|	1		4|	1					1		

Chris - tus, der Herr, ist heu - te ge - bo - ren, den Gott zum Hei - land

| 1\| | 3\| | 1\| | 3\| | 5\| | 1\| | 3\| | 1\| | \|2 | \|5 | 1\| | 3\| | 1\| | 3\| | 5\| |

|5			|5	6|	1|	|7	2|	|5		|5
|3						|5		|3		
1					1			1		

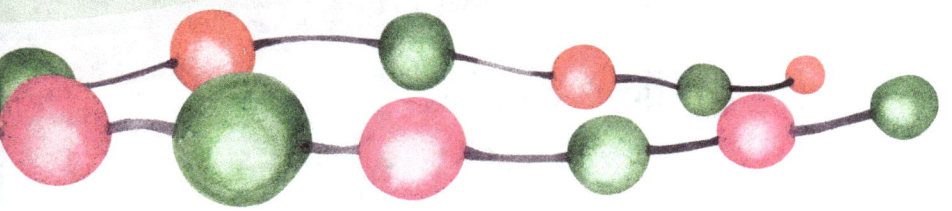

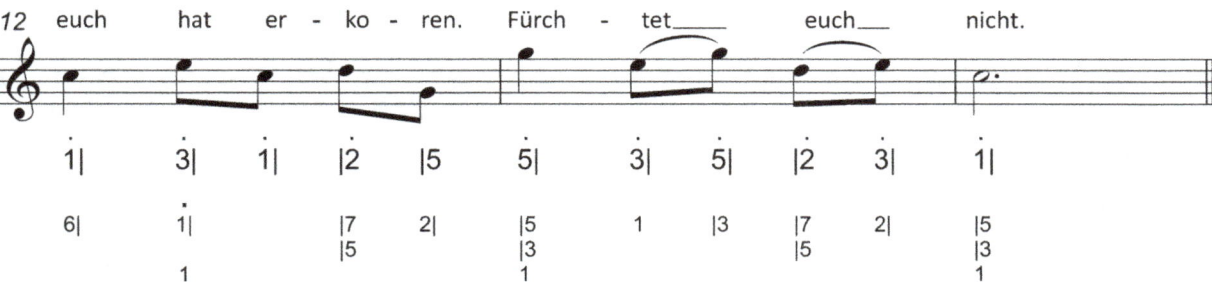

Kommet, ihr Hirten, ihr Männer und Fraun,
kommet, das liebliche Kindlein zu schaun,
Christus, der Herr, ist heute geboren,
den Gott zum Heiland euch hat erkoren.
Fürchtet euch nicht.

Lasset uns sehen in Bethlehems Stall,
was uns verheißen der himmlische Schall!
Was wir dort finden, lasset uns künden,
lasset uns preisen in frommen Weisen.
Halleluja.

Wahrlich, die Engel verkündigen heut'
Bethlehems Hirtenvolk gar große Freud'.
Nun soll es werden Friede auf Erden,
den Menschen allen ein Wohlgefallen.
Ehre sei Gott.

Lasst uns froh und munter sein

Rheinländisches Nikolauslied

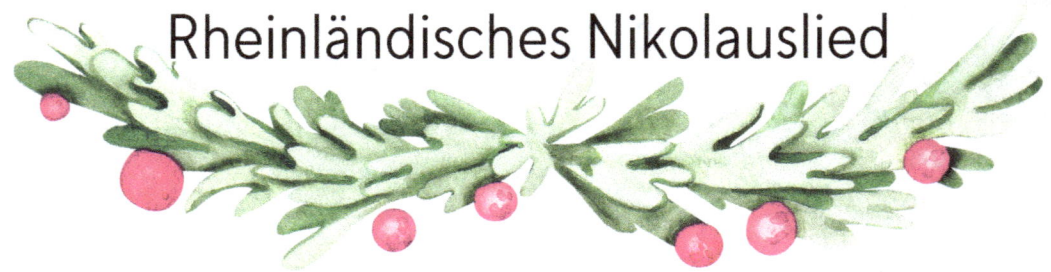

Text: Josef Annegarn
Musik: unbekannt
Arrangement: Auralie

Takt: 4/4
Tempo: 112 bpm

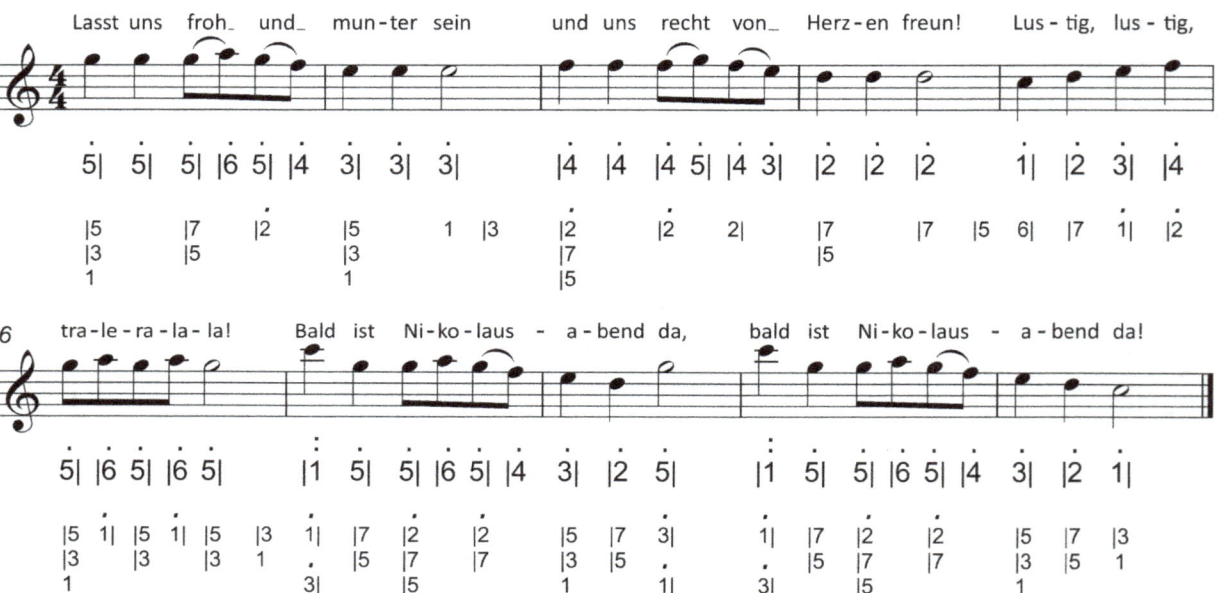

Lasst uns froh und munter sein
und uns recht von Herzen freun!
Lustig, lustig, traleralera!
Bald ist Nikolausabend da,
bald ist Nikolausabend da!

Bald ist unsere Schule aus,
dann ziehn wir vergnügt nach Haus. Lustig...

Dann stell' ich den Teller auf,
Nik'laus legt gewiß was drauf. Lustig...

Steht der Teller auf dem Tisch,
sing' ich nochmals froh und frisch: Lustig...

Wenn ich schlaf', dann träume ich,
jetzt bringt Nik'laus was für mich. Lustig...

Wenn ich aufgestanden bin,
lauf' ich schnell zum Teller hin. Lustig...

Nik'laus ist ein guter Mann,
dem man nicht genug danken kann. Lustig...

60

Leise rieselt der Schnee
Deutsches Adventslied

Text u. Musik: Eduard Ebel
Arrangement: Auralie

Takt: 3/4
Tempo: 100 bpm

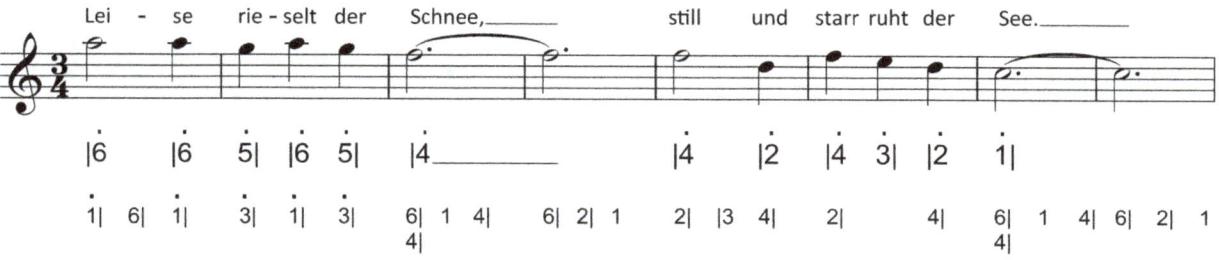

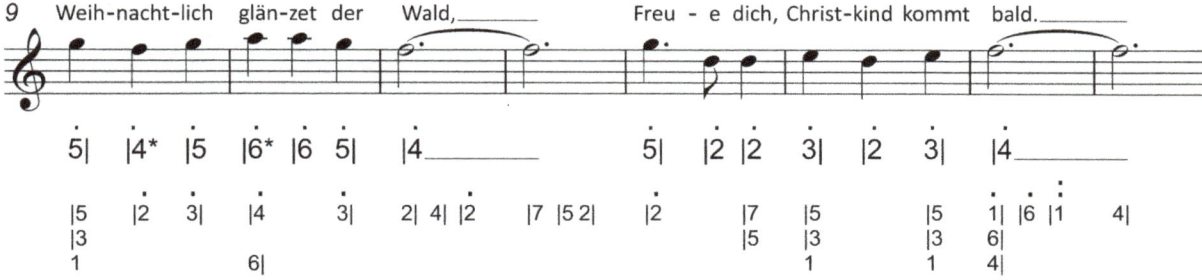

Leise rieselt der Schnee,
still und starr ruht der See
weihnachtlich glänzet der Wald:
Freue dich, Christkind kommt bald!

In den Herzen ist's warm,
still schweigt Kummer und Harm,
Sorge des Lebens verhallt:
Freue dich, Christkind kommt bald!

Bald ist heilige Nacht,
Chor der Engel erwacht,
hört nur, wie lieblich es schallt:
Freue dich, Christkind kommt bald!

* Melodie wurde leicht abgeändert, damit das Lied spielbar ist

Maria durch ein Dornwald ging

Deutsches Adventslied

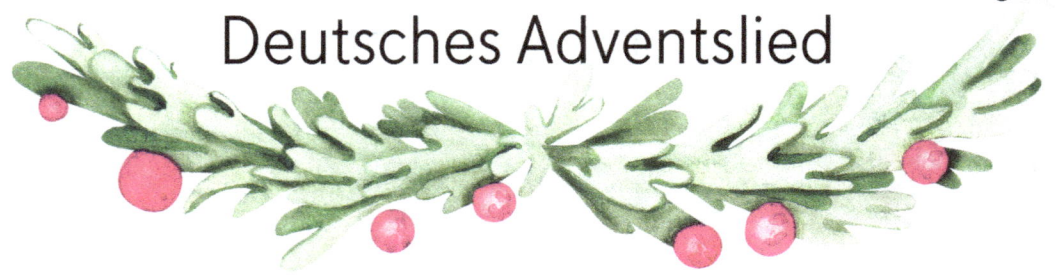

Text: A. von Harthausen
Musik: unbekannt
Arrangement: Auralie

Takt: 4/4
Tempo: 92 bpm

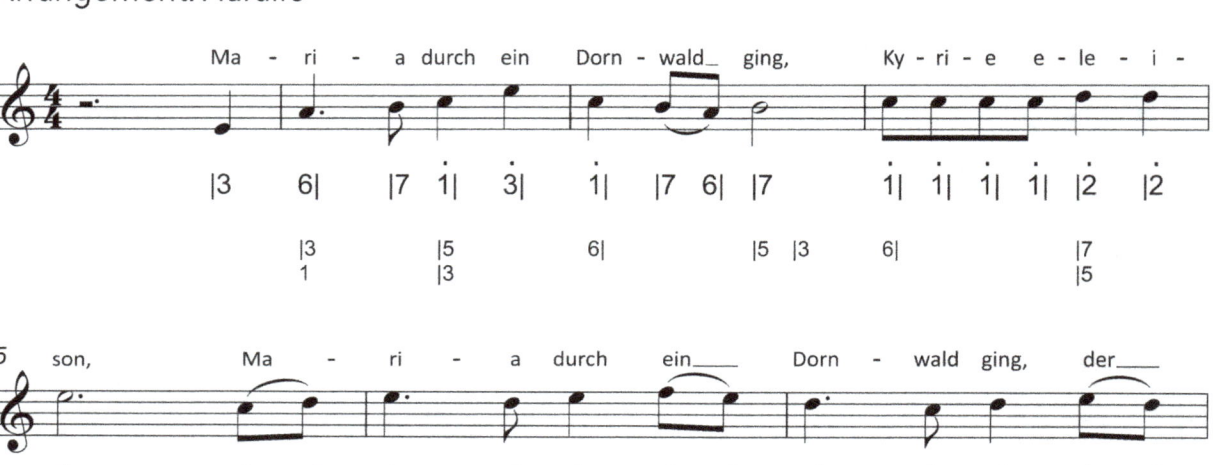

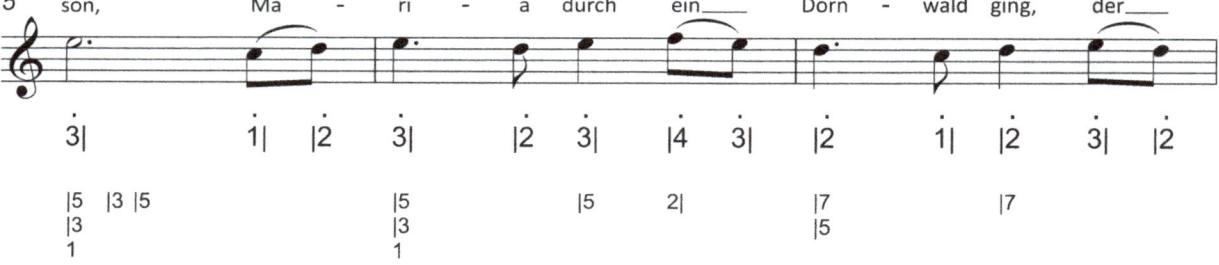

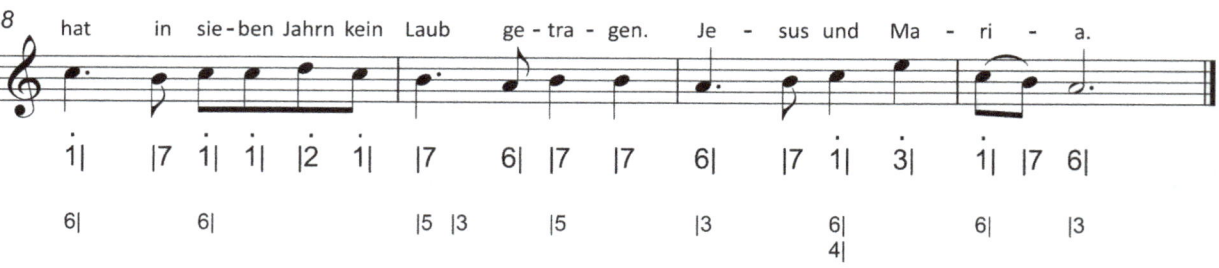

Maria durch ein Dornwald ging

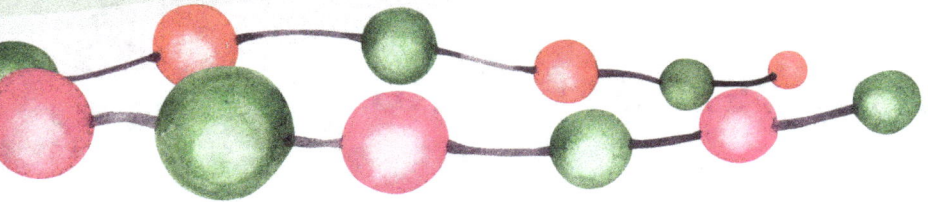

Maria durch ein' Dornwald ging. Kyrieleison!
Maria durch ein' Dornwald ging,
der hatte in sieben Jahrn kein Laub getragen!
Jesus und Maria.

Was trug Maria unterm Herzen? Kyrieleison!
Ein kleines Kindlein ohne Schmerzen,
das trug Maria unter ihrem Herzen.
Jesus und Maria.

Da haben die Dornen Rosen getrag'n; Kyrieleison!
Als das Kindlein durch den Wald getragen,
da haben die Dornen Rosen getragen!
Jesus und Maria.

Wie soll dem Kind sein Name sein? Kyrieleison!
Der Name, der soll Christus sein,
das war von Anfang der Name sein!
Jesus und Maria.

Wer soll dem Kind sein Täufer sein? Kyrieleison!
Das soll der Sankt Johannes sein,
der soll dem Kind sein Täufer sein!
Jesus und Maria.

Was kriegt das Kind zum Patengeld? Kyrieleison!
Den Himmel und die ganze Welt,
das kriegt das Kind zum Patengeld!
Jesus und Maria.

Wer hat erlöst die Welt allein? Kyrieleison.
Das hat getan das Christkindlein,
das hat erlöst die Welt allein!
Jesus und Maria.

Morgen, Kinder, wirds was geben

Deutsches Weihnachtslied

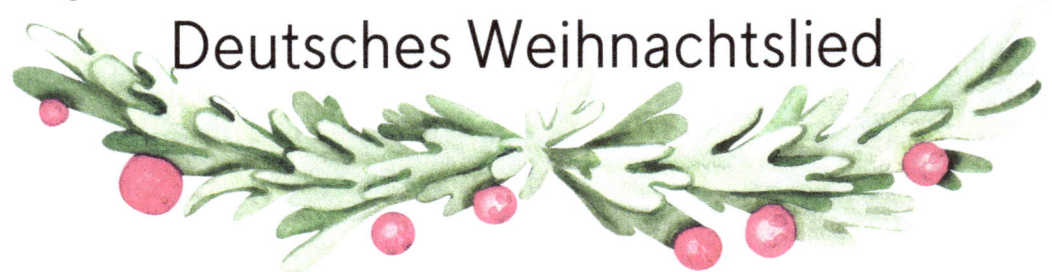

Text: Karl F. Splittegarb
Musik: Carl G. Hering
Arrangement: Auralie

Takt: 4/4
Tempo: 120 bpm

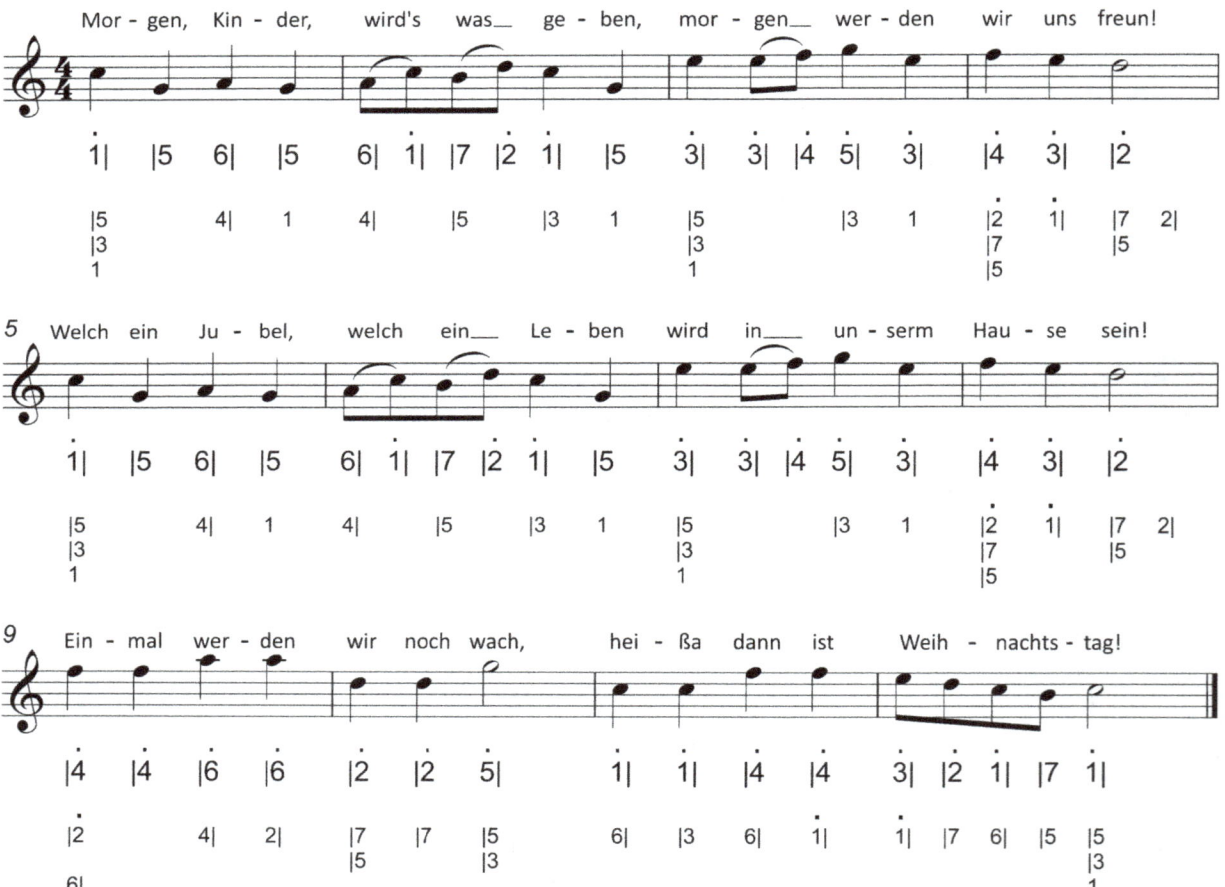

Wie wird dann die Stube glänzen
von der großen Lichterzahl,
schöner als bei frohen Tänzen
ein geputzter Kronensaal.
Wisst ihr noch vom vor'gen Jahr,
wie's am Weihnachtsabend war?

Wisst ihr noch mein Räderpferdchen,
Malchens nette Schäferin,
Jettchens Küche mit dem Herdchen
und dem blankgeputzten Zinn?
Heinrichs bunten Harlekin
mit der gelben Violin?

Welch ein schöner Tag ist morgen,
Viele Freuden hoffen wir!
Unsre lieben Eltern sorgen
Lange, lange schon dafür.
O gewiss, wer sie nicht ehrt,
Ist der ganzen Lust nicht wert!

Morgen kommt der Weihnachtsmann

Deutsches Weihnachtslied

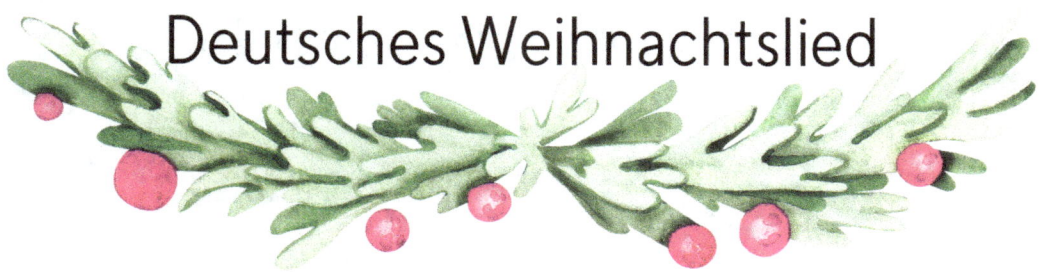

Text: Hoffmann von Fallersleben
Musik: unbekannt
Arrangement: Auralie

Takt: 4/4
Tempo: 136 bpm

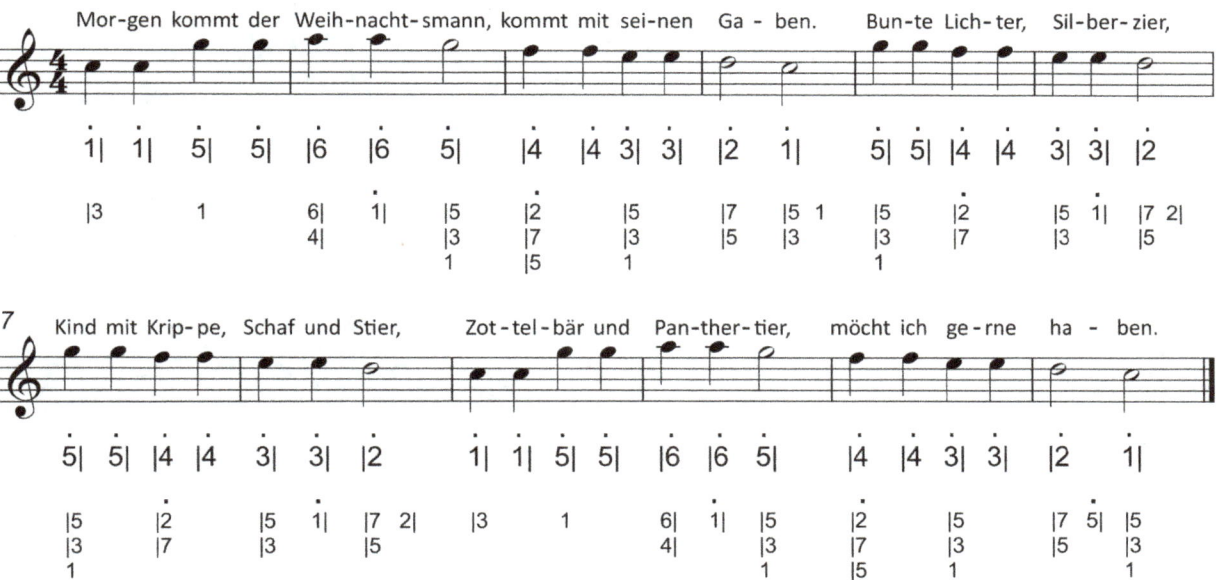

Morgen kommt der Weihnachtsmann,
kommt mit seinen Gaben.
Bunte Lichter, Silberzier,
Kind mit Krippe, Schaf und Stier,
Zottelbär und Panthertier,
möcht ich gerne haben.

Bring uns, lieber Weihnachtsmann,
bring auch morgen, bringe
eine schöne Eisenbahn,
Bauernhof mit Huhn und Hahn,
einen Pfefferkuchenmann,
lauter schöne Dinge.

Doch du weißt ja unsern Wunsch,
kennst ja unsre Herzen.
Kinder, Vater und Mama,
auch sogar der Großpapa,
alle, alle sind wir da,
warten dein, mit Schmerzen.

O du fröhliche
Deutsches Weihnachtslied

Text: J. D. Falk
Musik: unbekannt
Arrangement: Auralie

Takt: 4/4
Tempo: 124 bpm

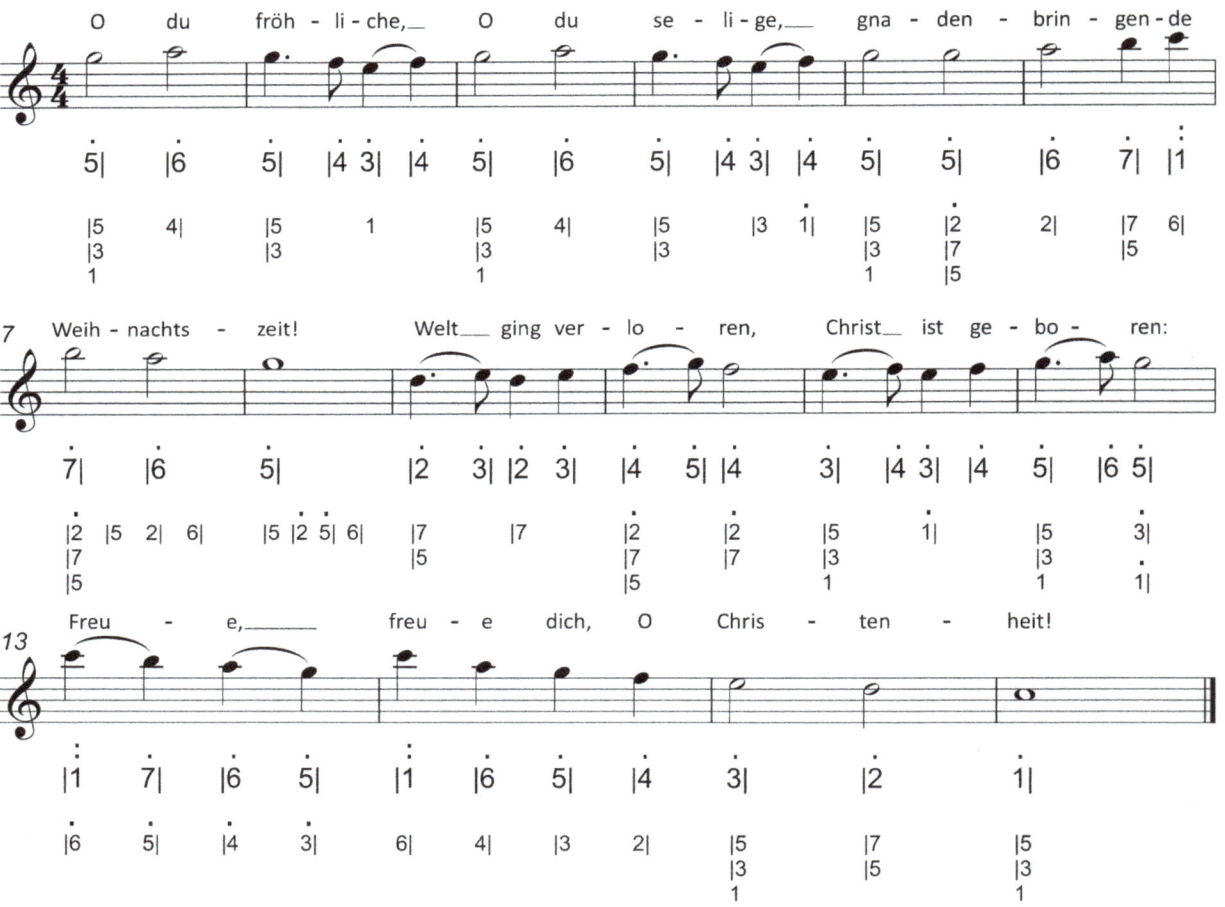

O du fröhliche, O du selige,
gnadenbringende Weihnachtszeit!
Christ ist erschienen, uns zu versühnen:
Freue, freue dich, O Christenheit!

O du fröhliche, O du selige,
gnadenbringende Weihnachtszeit!
Himmlische Heere jauchzen dir Ehre:
Freue, freue dich, O Christenheit!

O Tannenbaum
Deutsches Weihnachtslied

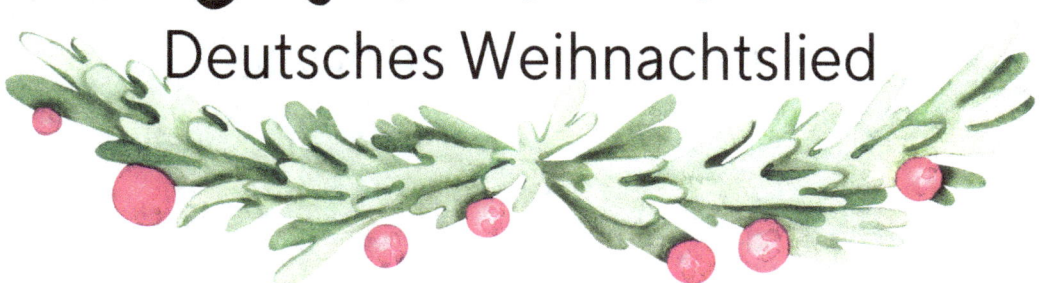

Text: Ernst Anschütz
Musik: unbekannt
Arrangement: Auralie

Takt: 4/4
Tempo: 124 bpm

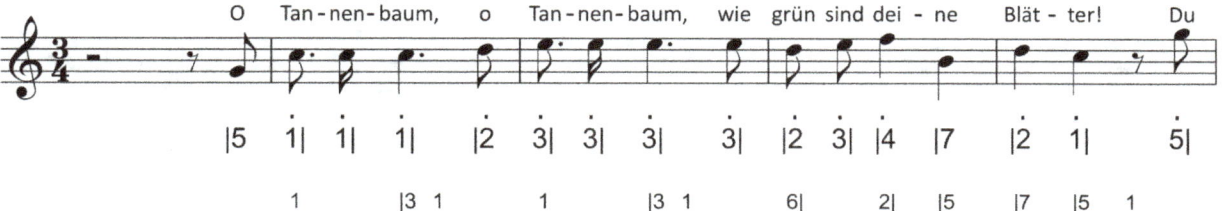

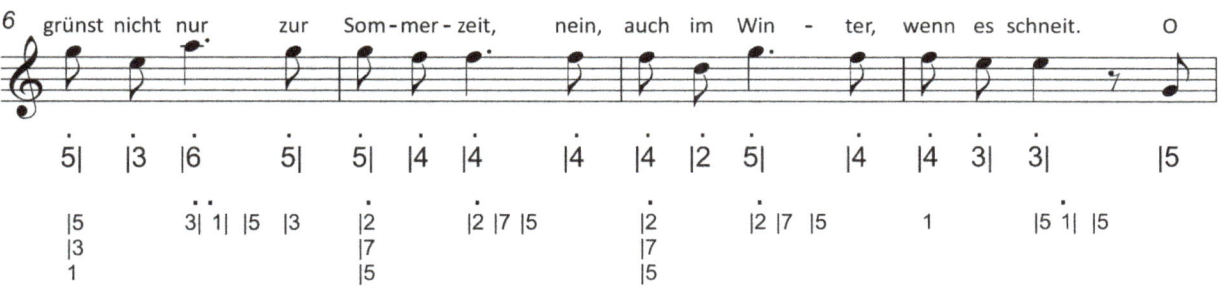

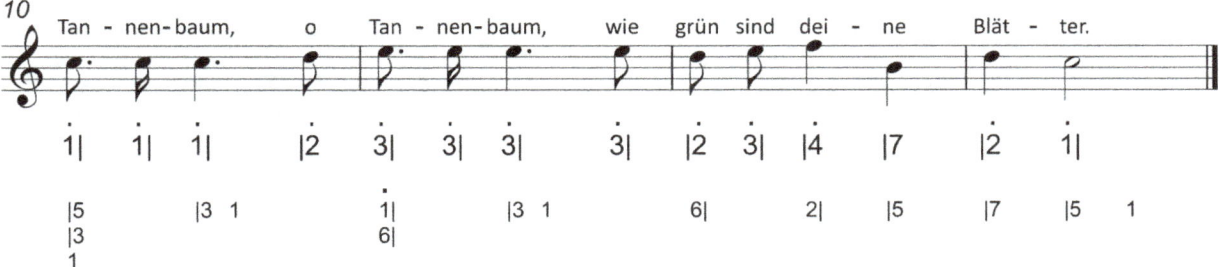

O Tannenbaum, o Tannenbaum,
du kannst mir sehr gefallen!
Wie oft hat nicht zur Weihnachtszeit
ein Baum von dir mich hoch erfreut!
O Tannenbaum, o Tannenbaum,
du kannst mir sehr gefallen!

O Tannenbaum, o Tannenbaum,
dein Kleid will mich was lehren!
Die Hoffnung und Beständigkeit
gibt Trost und Kraft zu jeder Zeit!
O Tannenbaum, o Tannenbaum,
dein Kleid will mich was lehren!

Schneeflöckchen, Weissröckchen

Deutsches Winterlied

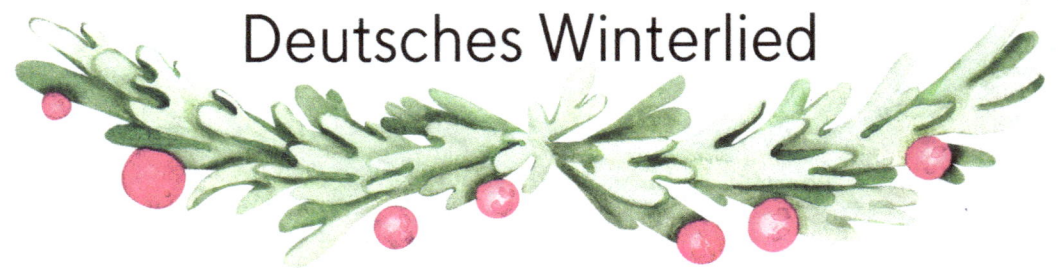

Text: Hedwig Haberkern
Musik: unbekannt
Arrangement: Auralie

Takt: 3/4
Tempo: 100 bpm

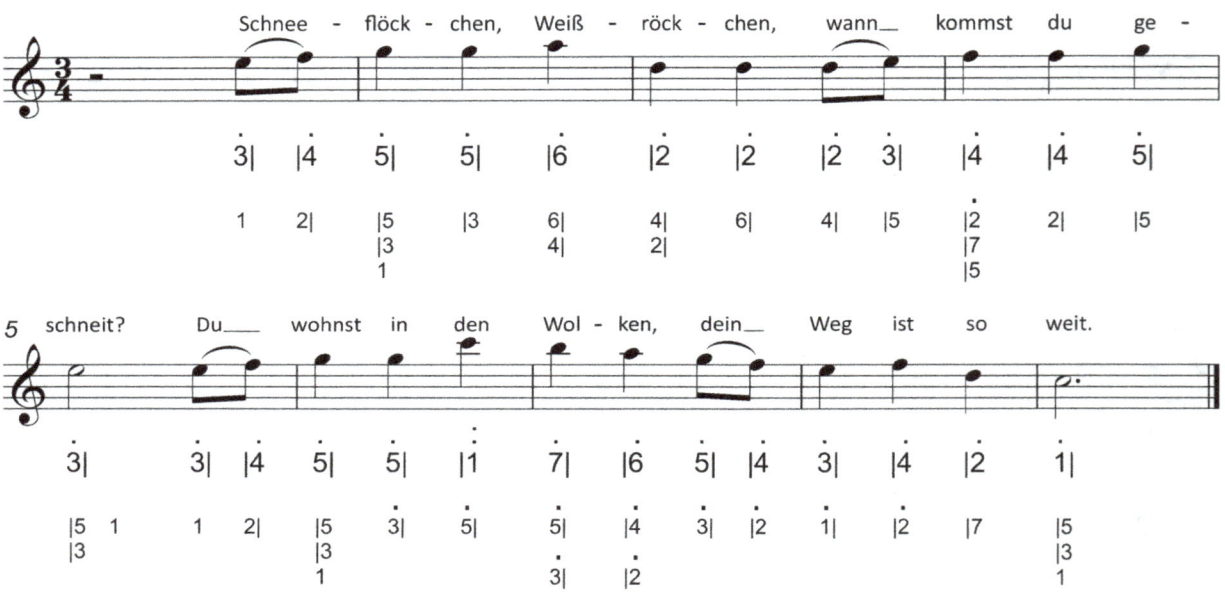

Schneeflöckchen, Weißröckchen,
wann kommst du geschneit?
Du wohnst in den Wolken,
dein Weg ist so weit.

Komm setz dich ans Fenster,
du lieblicher Stern,
malst Blumen und Blätter,
wir haben dich gern.

Schneeflöckchen, du deckst uns
die Blümelein zu,
dann schlafen sie sicher
in himmlischer Ruh'.

Schneeflöckchen, Weißröckchen,
komm zu uns ins Tal.
Dann bau'n wir den Schneemann
und werfen den Ball.

Schlafe, lieblicher Jesu
Weihnachtslied aus dem Elsaß

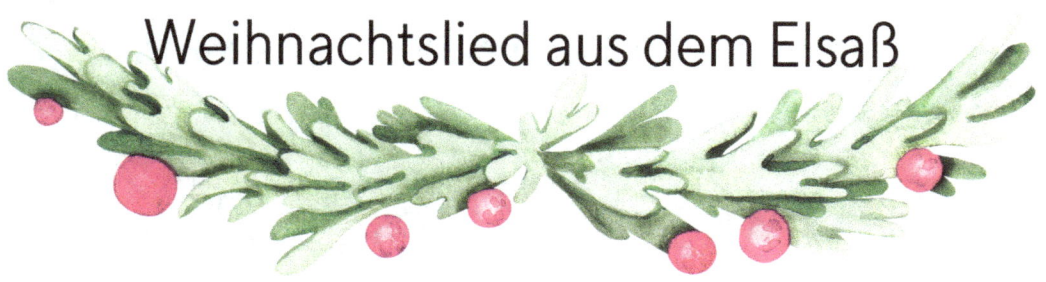

Text u. Musik: unbekannt
Arrangement: Auralie

Takt: 6/8
Tempo: 74 bpm

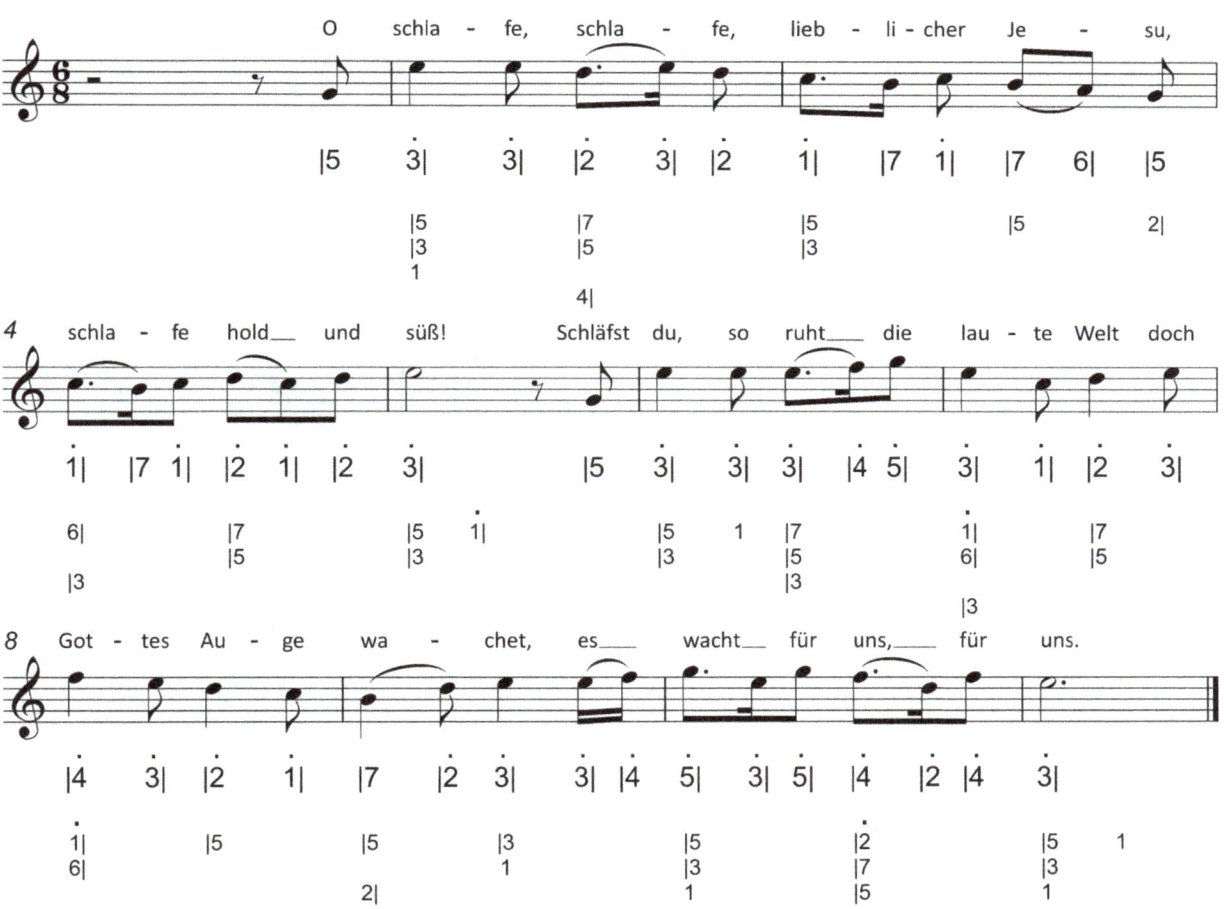

O schlafe, schlafe, lieblicher Jesu,
schlafe hold und süß!
Schläfst du, so ruht die laute Welt,
doch Gottes Auge wachet,
es wacht für uns, für uns.

O strahle hell in finstrer Nacht,
du Stern auf Bethlehems Flur,
verkünde früh der ganzen Welt:
die Nacht vergeht, das Licht erscheint,
ein Licht der ganzen Welt.

Seht hier in der Krippen

Weihnachtslied aus dem Elsaß

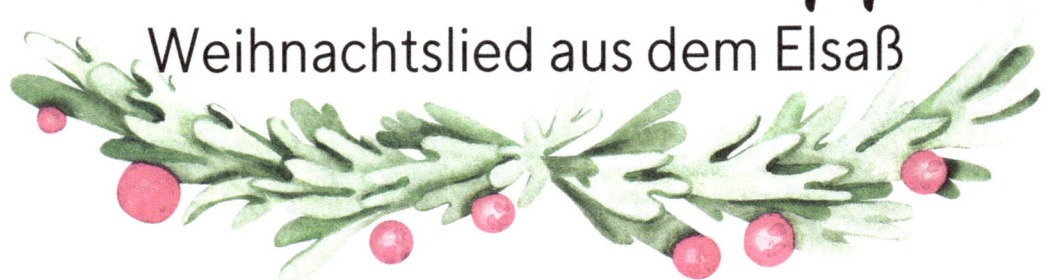

Text u. Musik: unbekannt
Arrangement: Auralie

Takt: 6/8
Tempo: 100 bpm

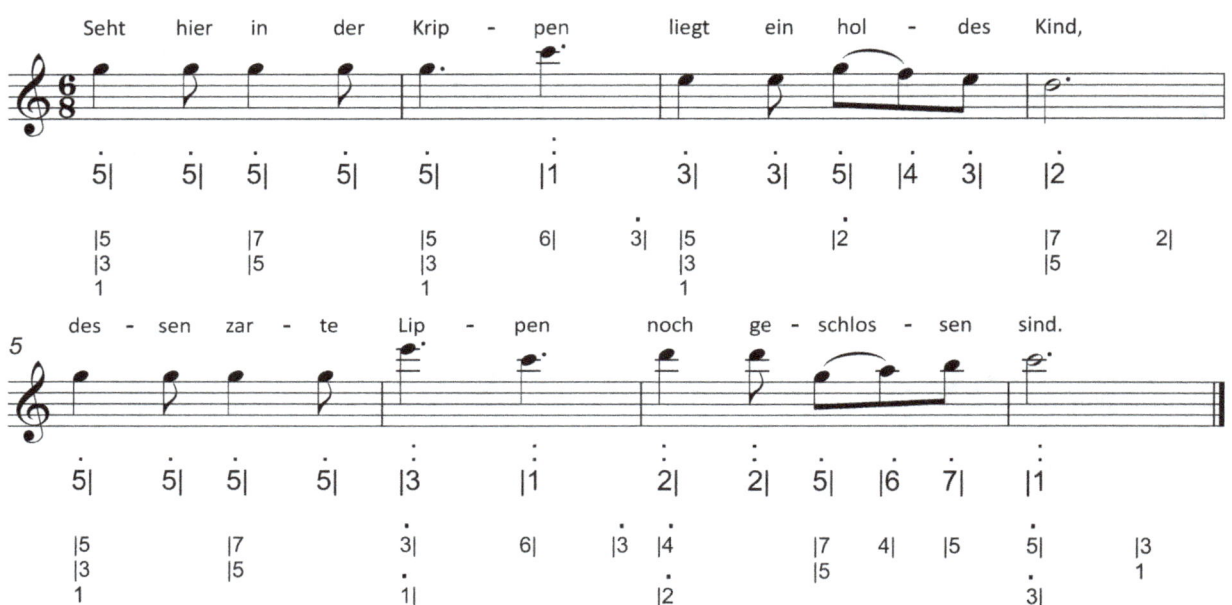

Seht hier in der Krippen
liegt ein holdes Kind,
dessen zarte Lippen
noch geschlossen sind.

Kann noch nicht euch sagen
mit dem süßen Ton,
wie in späten Tagen,
er sei Gottes Sohn.

Aber Engel künden
es mit hellem Schall,
dort sei er zu finden
in dem armen Stall.

Wie die Hirten eilen
von dem Felde her,
und die Freude teilen
mit dem Engelheer.

Knieend vor dem Kinde,
das ihr Heiland ist,
predigen geschwinde
in der Nacht den Christ.

Heut ist er geboren,
den die Schrift verheißt;
öffnet eure Ohren,
Gottes Wunder preist.

Kinder, diese Kunde,
o sie gilt auch euch;
komm zu seinem Bunde,
eilt zu seinem Reich.

Sei uns willkommen, Herre Christ

Ältestes deutsches Weihnachtslied

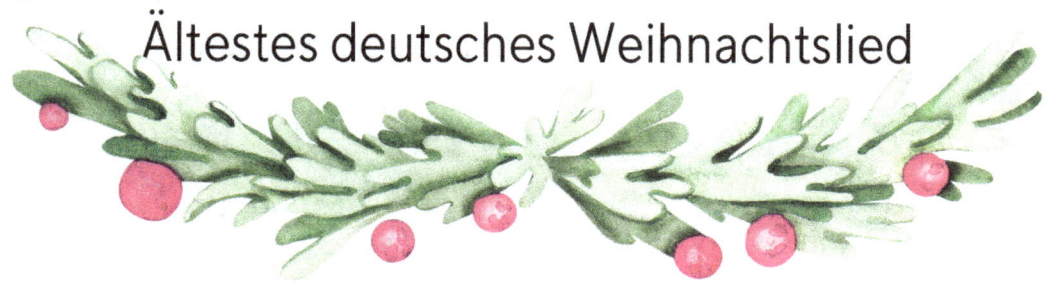

Text u. Musik: unbekannt
Arrangement: Auralie

Takt: alla breve
Tempo: 120 bpm

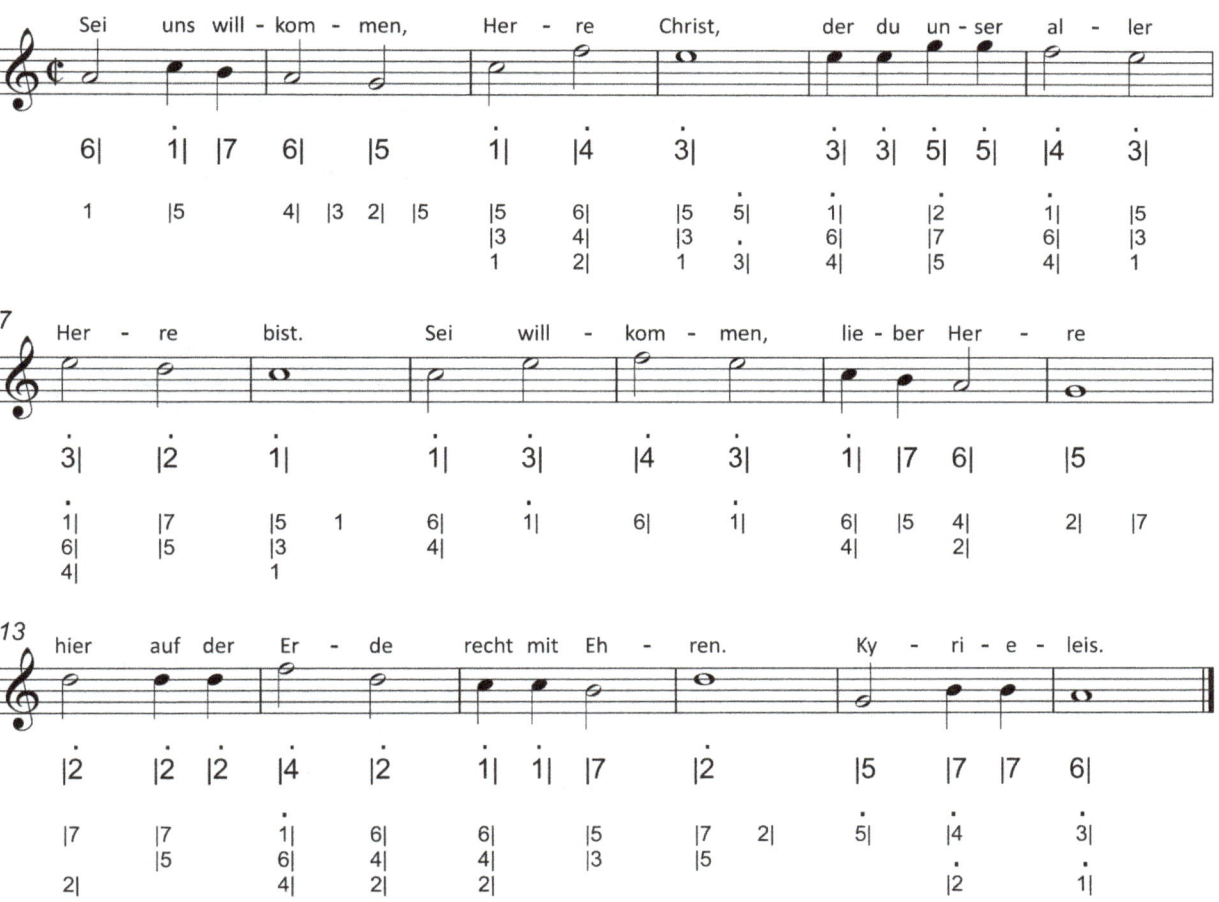

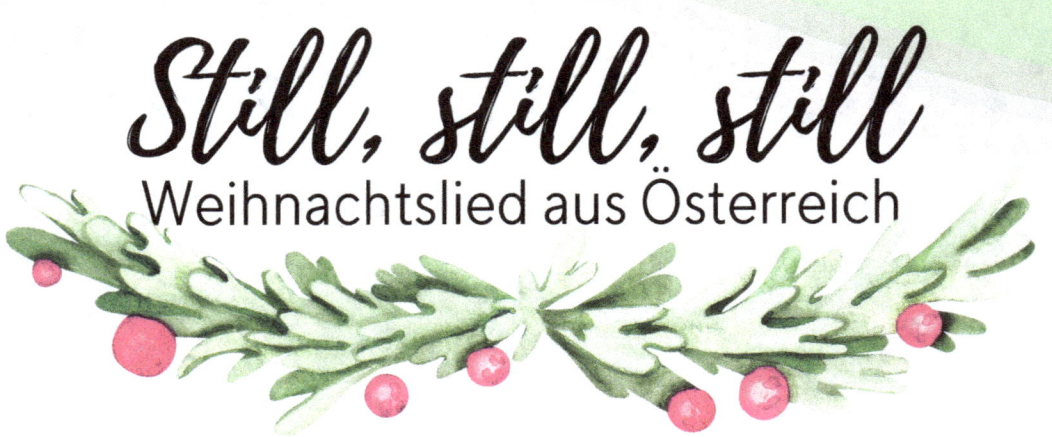

Still, still, still
Weihnachtslied aus Österreich

Text: unbekannt
Musik: Maria V. Süß
Arrangement: Auralie

Takt: 2/4
Tempo: 84 bpm

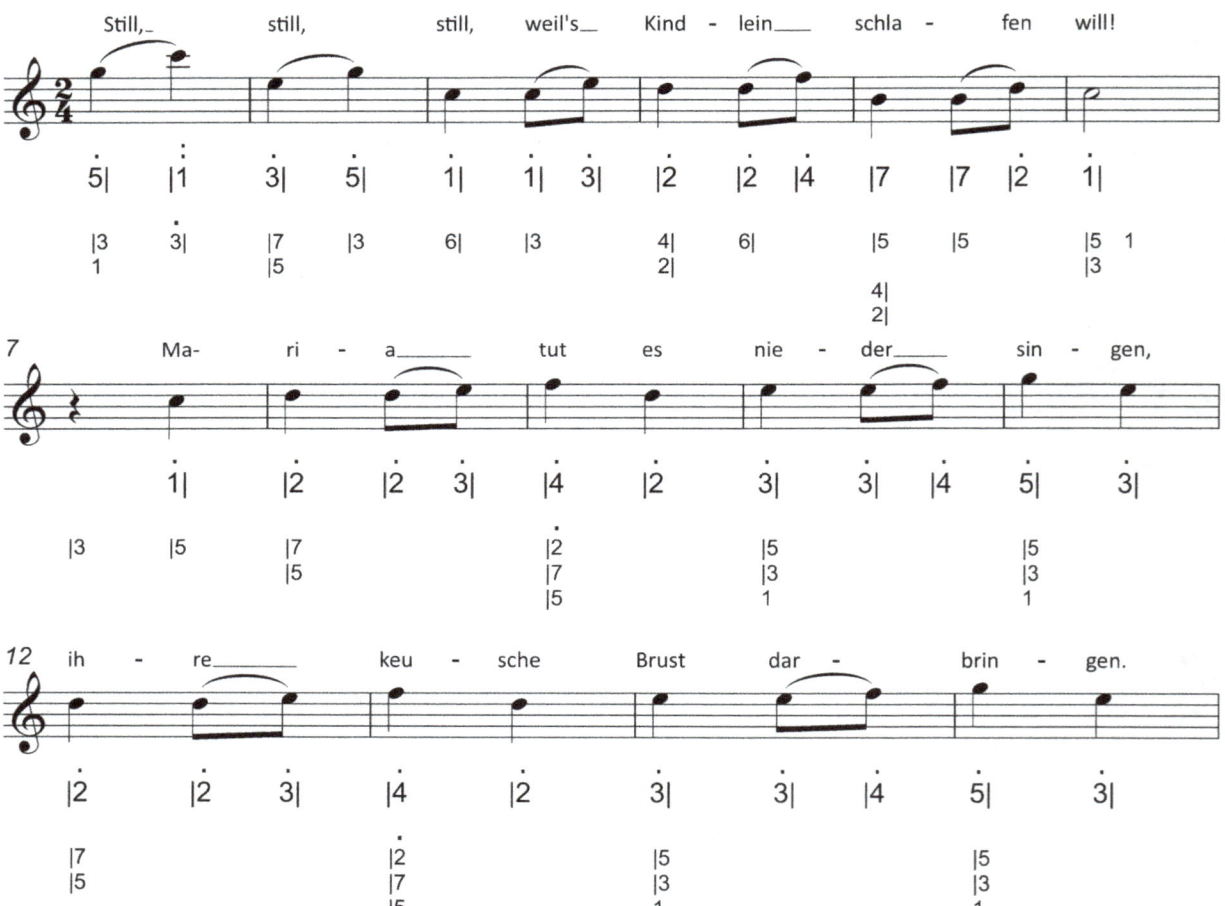

Still, still, still

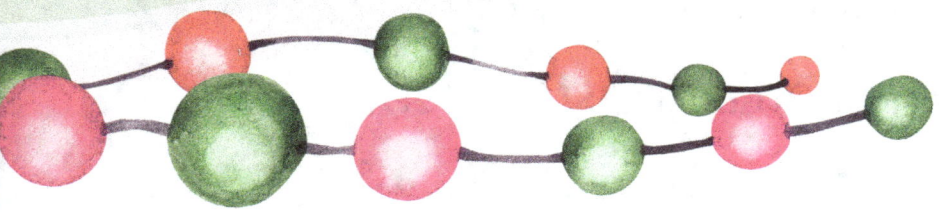

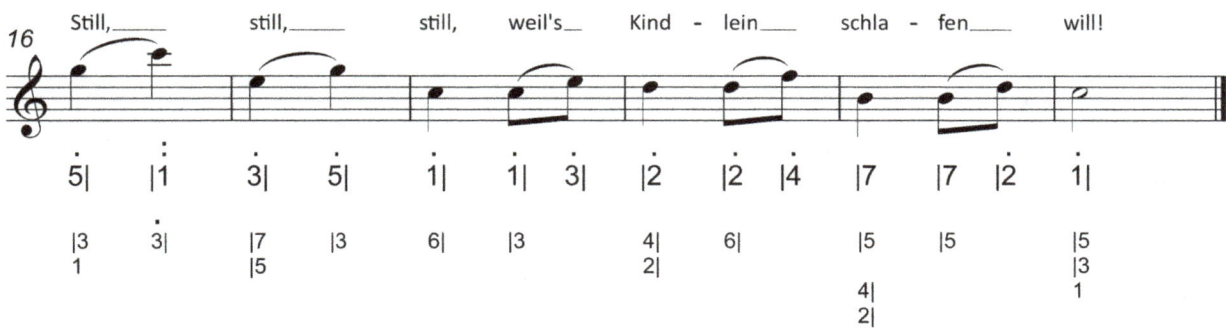

Still, still, still,
weil's Kindlein schlafen will!
Maria tut es niedersingen,
ihre keusche Brust darbringen.
Still, still, still,
weil's Kindlein schlafen will!

Schlaf, schlaf, schlaf,
mein liebes Kindlein, schlaf!
Die Engel tun schön musizieren,
vor dem Kindlein jubilieren.
Schlaf, schlaf, schlaf,
mein liebes Kindlein, schlaf!

Groß, groß, groß,
die Lieb' ist übergroß.
Gott hat den Himmelsthron verlassen
und muß reisen auf den Straßen.
Groß, groß, groß,
die Lieb' ist übergroß.

Auf, auf, auf,
ihr Adamskinder auf!
Fallet Jesum all' zu Füßen,
weil er für uns d'Sünd tut büßen!
Auf, auf, auf,
ihr Adamskinder auf!

Wir, wir, wir,
wir rufen all' zu dir:
Tu' uns des Himmels Reich aufschließen,
wenn wir einmal sterben müssen!
Wir, wir, wir,
wir rufen all' zu dir.

Stille Nacht, heilige Nacht

Weihnachtslied aus Österreich

Text: Joseph Mohr
Musik: Franz Xaver Gruber
Arrangement: Auralie

Takt: 6/8
Tempo: 58 bpm

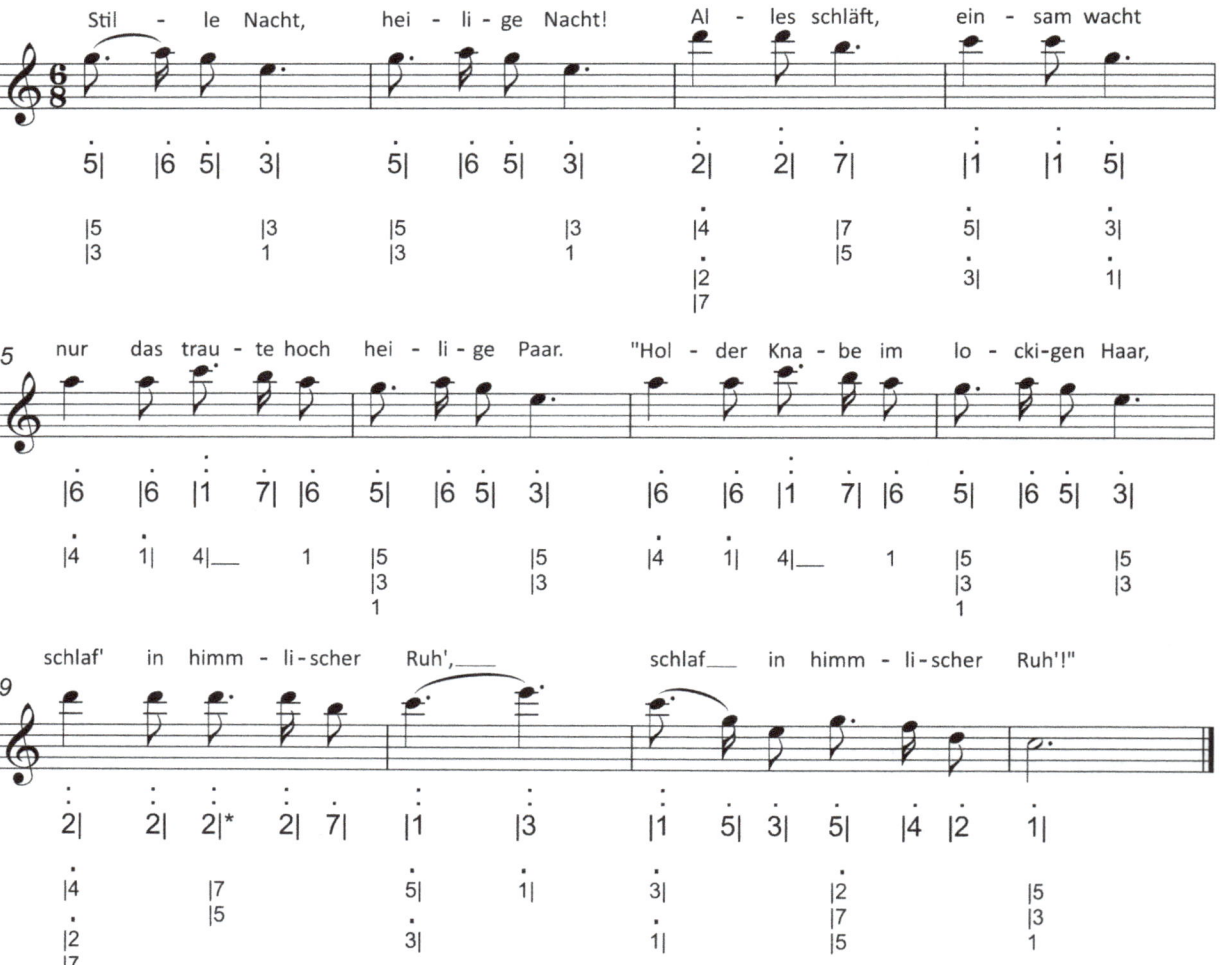

* Melodie wurde leicht abgeändert, damit das Lied spielbar ist

Stille Nacht, heilige Nacht

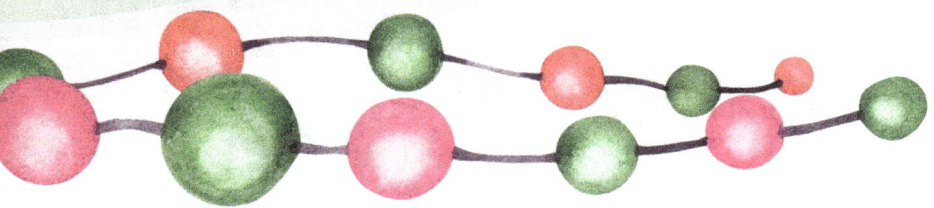

Stille Nacht! Heilige Nacht!
Alles schläft, einsam wacht
nur das traute hoch heilige Paar.
"Holder Knabe im lockigen Haar,
schlaf in himmlischer Ruh',
schlaf in himmlischer Ruh'!"

Stille Nacht! Heilige Nacht!
Gottes Sohn, o wie lacht
Lieb' aus deinem göttlichen Mund,
da uns schlägt die rettende Stund':
Jesus in deiner Geburt.
Jesus in deiner Geburt.

Stille Nacht! Heilige Nacht!
Die der Welt Heil gebracht,
aus des Himmels goldenen Höh'n
uns der Gnade Fülle läßt sehn:
Jesum in Menschengestalt.
Jesum in Menschengestalt.

Stille Nacht! Heilige Nacht!
Wo sich heut' alle Macht
väterlicher Liebe ergoß,
und als Bruder huldvoll umschloß
Jesus die Völker der Welt.
Jesus die Völker der Welt.

Stille Nacht! Heilige Nacht!
Lange schon uns bedacht,
als der Herr, vom Grimme befreit,
in der Väter urgrauer Zeit
aller Welt Schonung verhieß,
aller Welt Schonung verhieß.

Stille Nacht, heilige Nacht,
Hirten erst kundgemacht!
durch der Engel Halleluja
tönt es laut von Ferne und Nah:
Jesus, der Retter ist da!
Jesus, der Retter ist da!

Süsser die Glocken nie klingen

Angelsächsisches Weihnachtslied

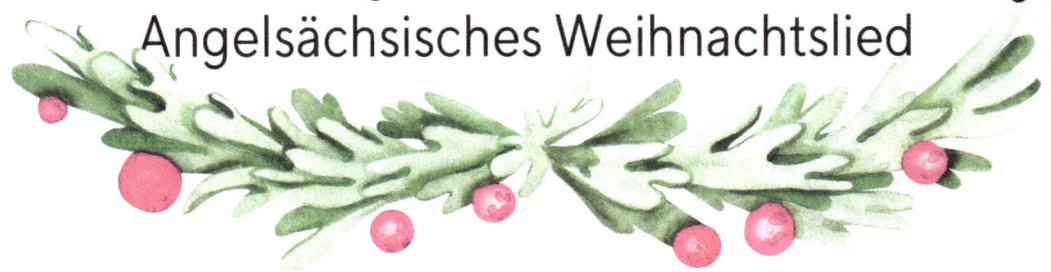

Text: Friedrich W. Kritzinger
Musik: Karl Kummerel
Arrangement: Auralie

Takt: 3/4
Tempo: 188 bpm

Sü - ßer die Glo-cken nie klin - gen als zu der Weih-nachts-zeit!

'S ist als ob En-ge-lein sing - gen wie - der von Frie-den und Freud!

Wie sie ge-sun-gen in se - li-ger Nacht, wie sie ge-sun-gen in se - li-ger Nacht.

Süsser die Glocken nie klingen

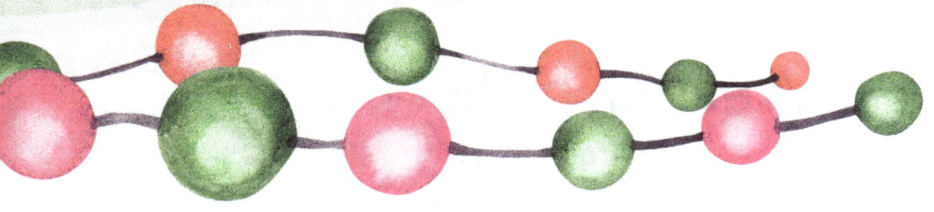

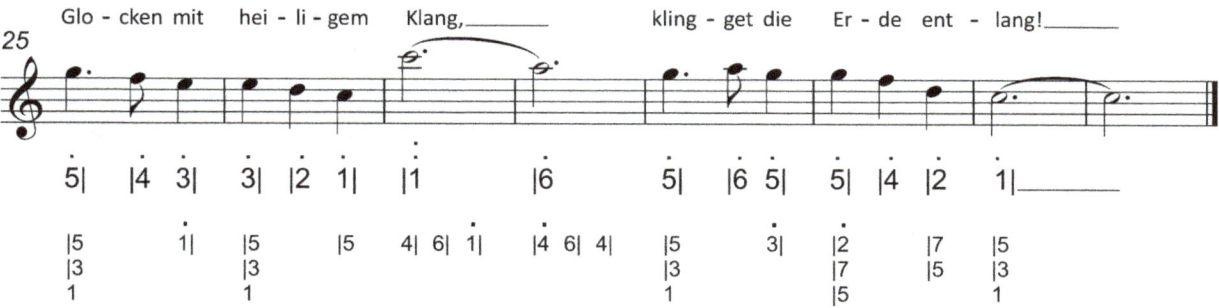

Süßer die Glocken nie klingen
als zu der Weihnachtszeit:
S'ist als ob Engelein singen
wieder von Frieden und Freud'.
|: Wie sie gesungen in seliger Nacht. :|
Glocken mit heiligem Klang,
klinget die Erde entlang!

Klinget mit lieblichem Schalle
über die Meere noch weit,
daß sich erfreuen doch alle
seliger Weihnachtszeit.
|: Alle aufjauchzen mit herrlichem Sang. :|
Glocken mit heiligem Klang,
klinget die Erde entlang!

Oh, wenn die Glocken erklingen,
schnell sie das Christkindlein hört;
tut sich vom Himmel dann schwingen
eilig hernieder zur Erd'.
|: Segnet den Vater, die Mutter, das Kind. :|
Glocken mit heiligem Klang,
klinget die Erde entlang!

Vom Himmel hoch, da komm ich her

Deutsches Weihnachtslied

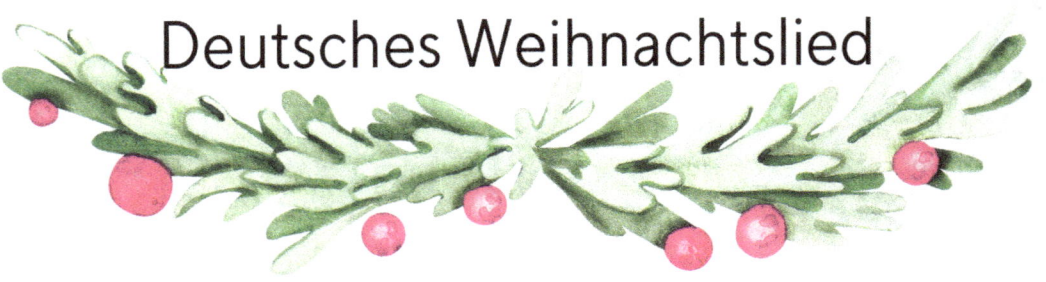

Text u. Musik: Martin Luther
Arrangement: Auralie

Takt: 4/4
Tempo: 100 bpm

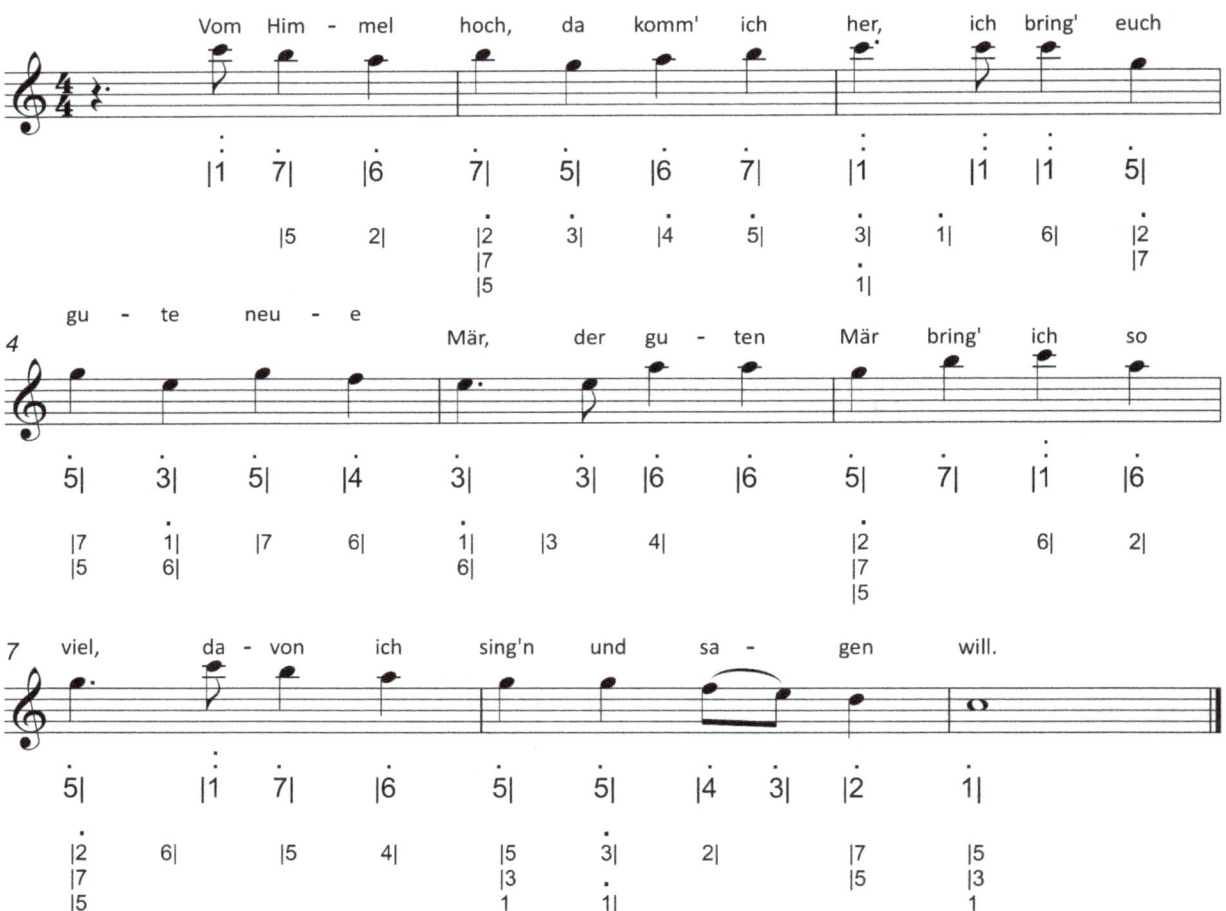

Vom Himmel hoch, da komm ich her

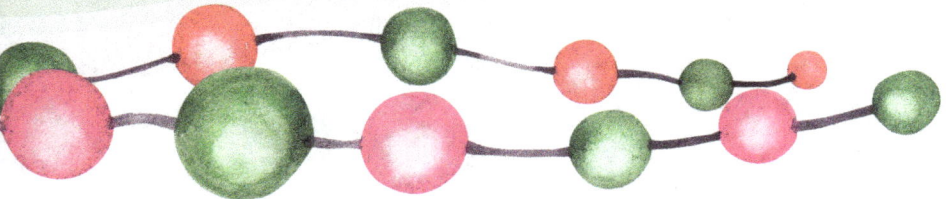

Vom Himmel hoch, da komm' ich her,
ich bring' euch gute neue Mär,
der guten Mär bring' ich soviel,
davon ich sing'n und sagen will.

Euch ist ein Kindlein heut geborn
von einer Jungfrau auserkorn,
ein Kindelein so zart und fein,
das soll eur Freud und Wonne sein.

Es ist der Herr Christ, unser Gott,
der will euch führn aus aller Not,
er will eur Heiland selber sein,
von allen Sünden machen rein.

Er bringt euch alle Seligkeit,
die Gott der Vater hat bereit',
daß ihr mit uns im Himmelreich
sollt leben nun und ewiglich.

So merket nun das Zeichen recht:
die Krippe, Windelein so schlecht,
da findet ihr das Kind gelegt,
das alle Welt erhält und trägt.

Des laßt uns alle fröhlich sein
und mit den Hirten gehn hinein,
zu sehn, was Gott uns hat beschert,
mit seinem lieben Sohn verehrt.

Merk auf, mein Herz, und sieh dorthin,
was liegt doch in dem Krippelein?
Wes ist das schöne Kindelein?
Es ist das liebe Jesulein.

Sei mir willkommen, edler Gast!
Den Sünder nicht verschmähet hast
und kommst ins Elend her zu mir:
Wie soll ich immer danken dir?

Ach Herr, du Schöpfer aller Ding,
wie bist du worden so gering,
daß du da liegst auf dürrem Gras,
davon ein Rind und Esel aß!

Und war die Welt vielmal so weit,
von Edelstein und Gold bereit',
so war sie doch dir viel zu klein,
zu sein ein enges Wiegelein.

Der Sammet und die Seiden dein,
das ist grob Heu und Windelein,
darauf du König groß und reich
herprangst, als wärs dein Himmelreich.

Das hat also gefallen dir,
die Wahrheit anzuzeigen mir,
wie aller Welt Macht, Ehr und Gut
vor dir nichts gilt, nichts hilft noch tut.

Ach mein herzliebes Jesulein,
mach dir ein rein sanft Bettelein,
zu ruhen in meins Herzens Schrein,
daß ich nimmer vergesse dein.

Davon ich allzeit fröhlich sei,
zu springen, singen immer frei
das rechte Susaninne schön,
mit Herzenslust den süßen Ton.

Was soll das bedeuten?

Schlesisches Weihnachtslied

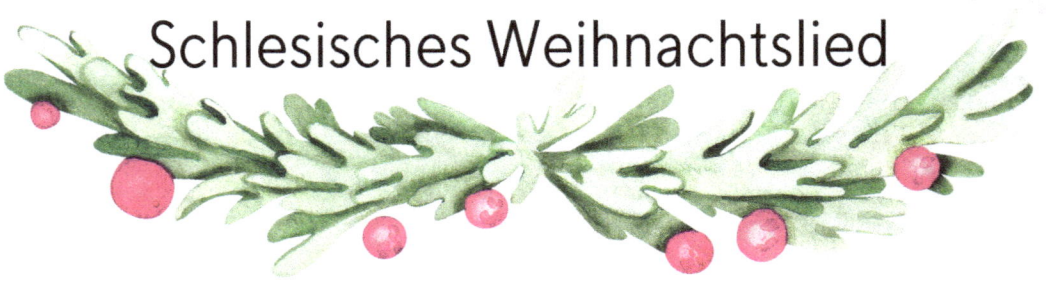

Text: Daniel Paur
Musik: unbekannt
Arrangement: Auralie

Takt: 3/4
Tempo: 118 bpm

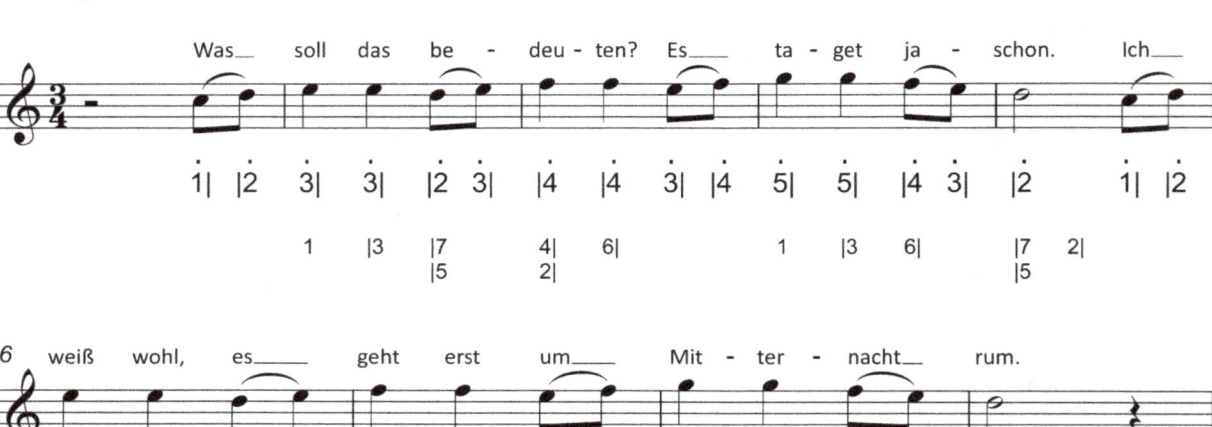

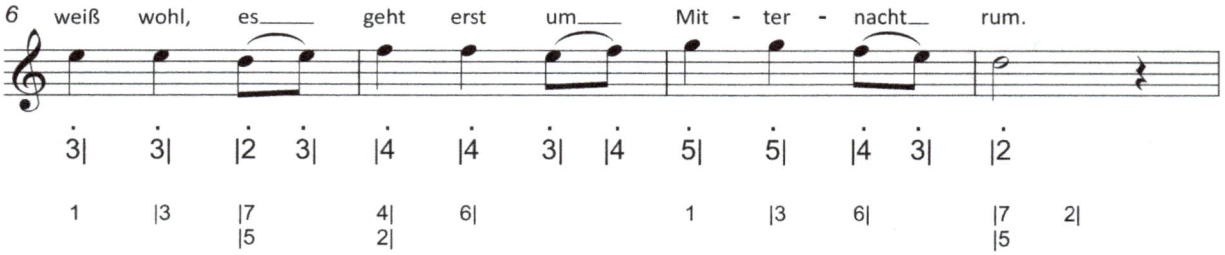

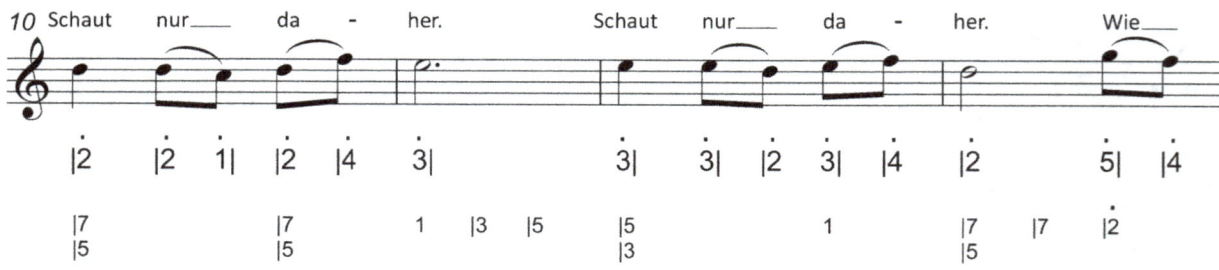

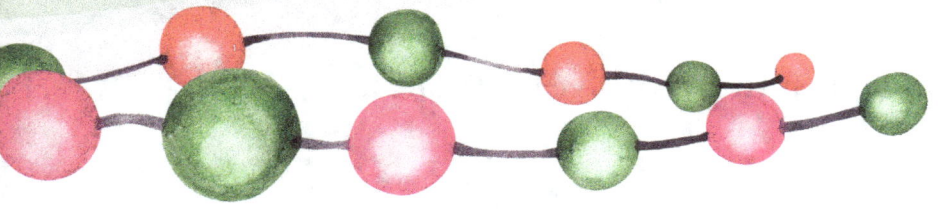

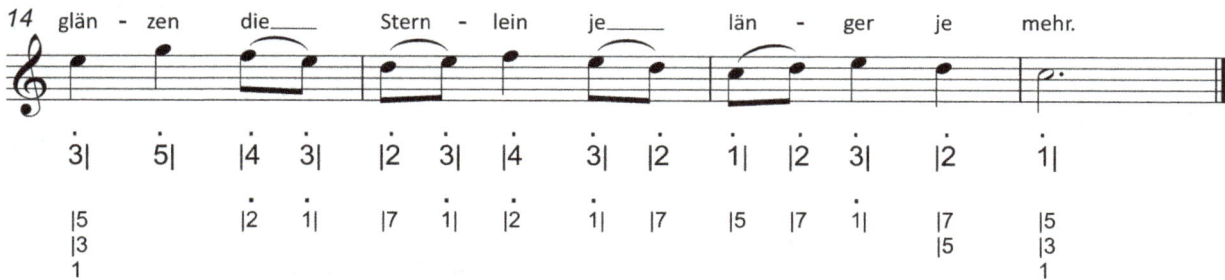

Was soll das bedeuten? Es taget ja schon.
Ich weiß wohl, es geht erst um Mitternacht rum.
Schaut nur daher, schaut nur daher,
wie glänzen die Sternlein je länger, je mehr.

Treibt zusammen, treibt zusammen die Schäflein fürbass.
Treibt zusammen, treibt zusammen, dort zeig ich euch was.
Dort in dem Stall, dort in dem Stall
werdet Wunderding sehen, treibt zusammen einmal.

Ich hab nur ein wenig von weitem geguckt,
da hat mir mein Herz schon vor Freuden gehupft:
Ein schönes Kind, ein schönes Kind
liegt dort in der Krippe bei Esel und Rind.

Ein herziger Vater, der steht auch dabei,
eine wunderschöne Jungfrau kniet auch auf dem Heu,
Um und um singt's, um und um klingt's,
man sieht ja kein Lichtlein, so um und um brinnt's.

Das Kindlein, das zittert vor Kälte und Frost.
Ich dacht mir: wer hat es denn also verstoßt,
dass man auch heut, dass man auch heut
ihm sonst keine andere Herberg anbeut?

So gehet und nehmet ein Lämmlein vom Gras
und bringet dem schönen Christkindlein etwas.
Geht nur fein sacht, geht nur fein sacht,
auf dass ihr dem Kindlein kein Unruh nicht macht!

We wish you a merry Christmas

Englisches Weihnachts- und Neujahrslied

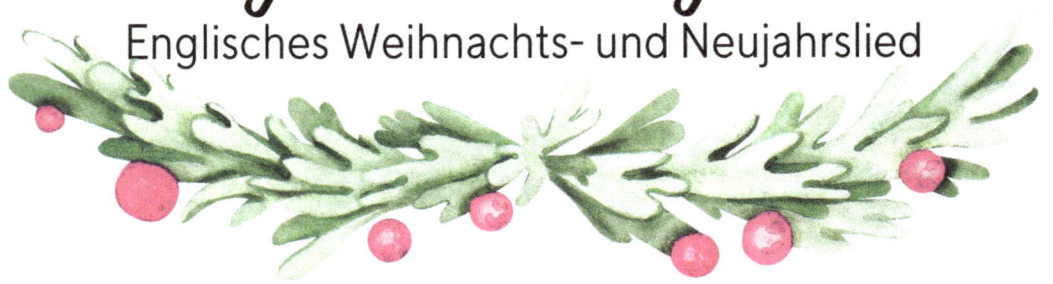

Text und Musik: unbekannt
Arrangement: Auralie

Takt: 3/4
Tempo: 118 bpm

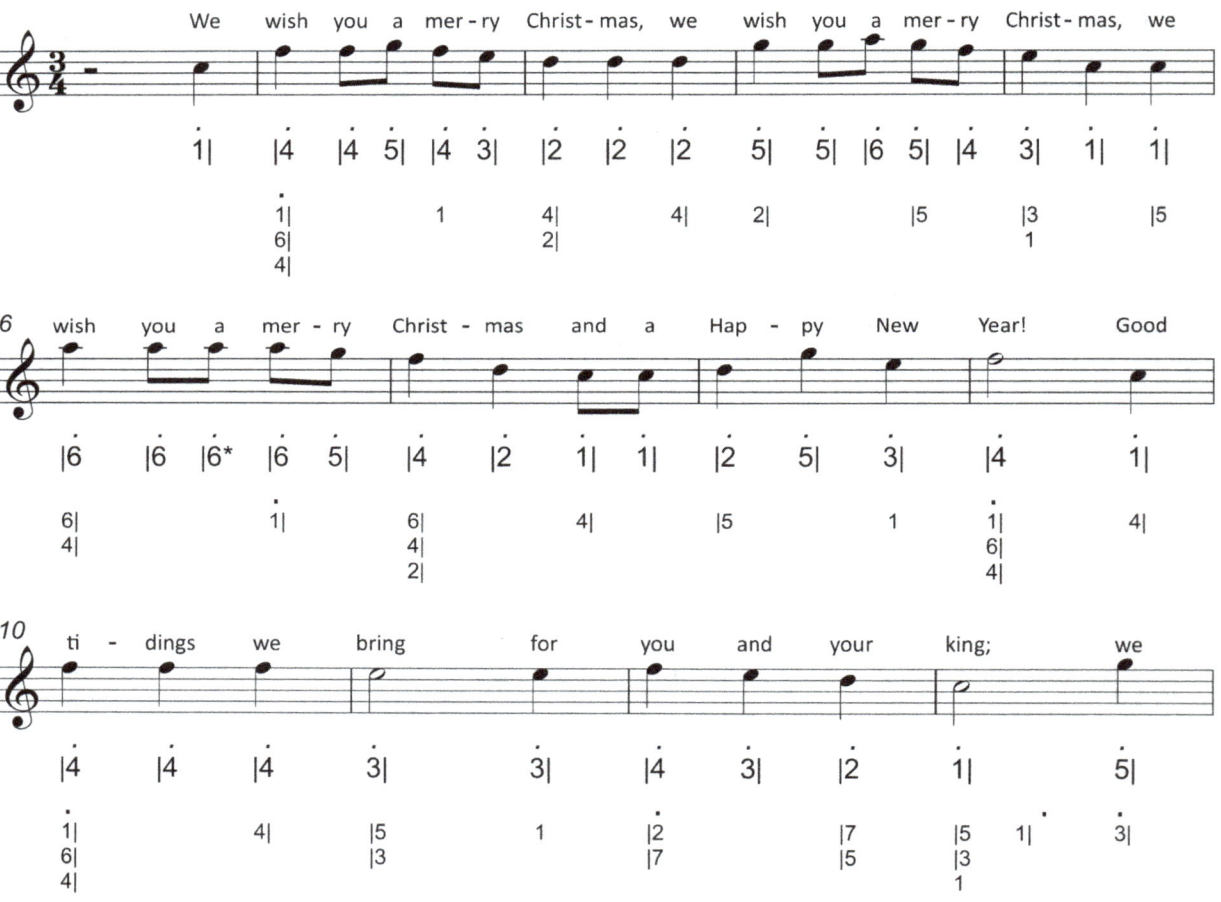

We wish you a merry Christmas

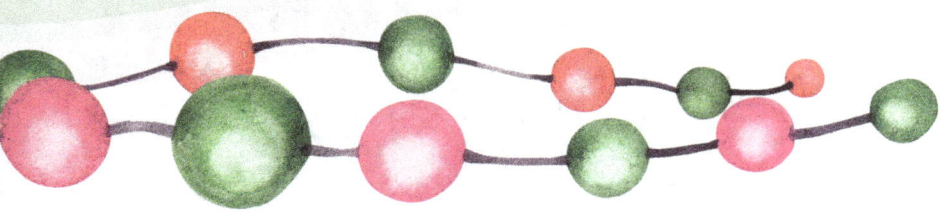

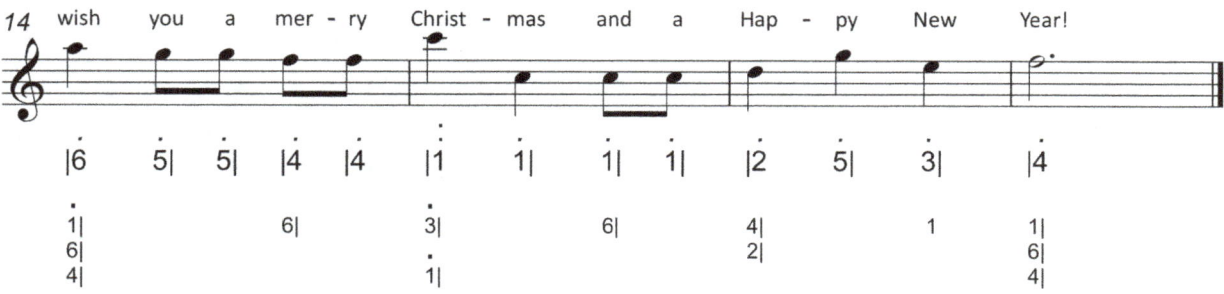

We wish you a merry Christmas, we wish you a merry Christmas,
we wish you a merry Christmas and a Happy New Year!
Good tidings we bring for you and your king.
We wish you a merry Christmas and a Happy New Year!

Now bring us some figgy pudding, now bring us some figgy pudding,
now bring us some figgy pudding and a cup of good cheer!
Good tidings we bring for you and your king.
We wish you a merry Christmas and a Happy New Year!

We all like our figgy pudding, we all like our figgy pudding,
we all like our figgy pudding with all its good cheer.
Good tidings we bring for you and your king.
We wish you a merry Christmas and a Happy New Year!

We won't go until we get some, we won't go until we get some,
we won't go until we get some, so bring it out here!
Good tidings we bring for you and your king.
We wish you a merry Christmas and a Happy New Year!

We wish you a merry Christmas, we wish you a merry Christmas,
we wish you a merry Christmas and a Happy New Year!
Good tidings we bring for you and your king.
We wish you a merry Christmas and a Happy New Year!

Zu Bethlehem geboren
Deutsches Weihnachtslied

Text: Friedrich Spee
Musik: unbekannt
Arrangement: Auralie

Takt: 4/4
Tempo: 112 bpm

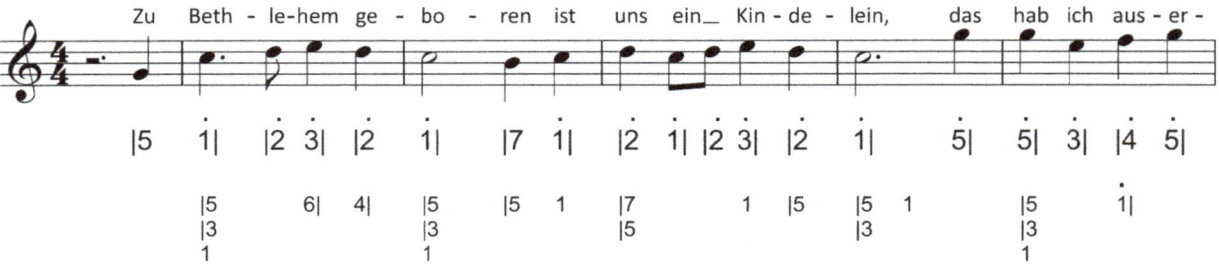

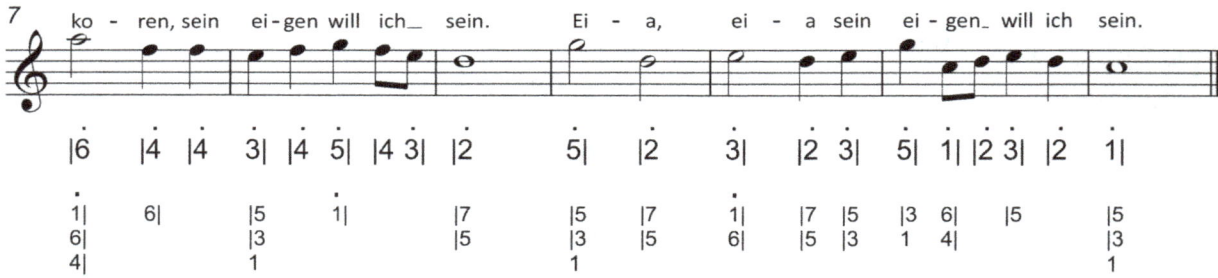

Zu Bethlehem geboren,
ist uns ein Kindelein,
das hab' ich auserkoren,
sein eigen will ich sein.
Eia, eia,
sein eigen will ich sein.

In seine Lieb' versenken
will ich mich ganz hinab;
mein Herz will ich ihm schenken
und alles, was ich hab',
eia, eia,
und alles, was ich hab'.

O Kindelein, von Herzen
will ich dich lieben sehr,
in Freuden und in Schmerzen
je länger und je mehr,
eia, eia,
je länger und je mehr.

Die Gnade mir doch gebe,
bitt' ich aus Herzensgrund,
daß ich allein dir lebe
jetzt und zu aller Stund',
eia, eia,
jetzt und zu aller Stund'.

Dich, wahren Gott, ich finde
in unser'm Fleisch und Blut;
darum ich mich dann binde
an dich, mein höchstes Gut,
eia, eia,
an dich, mein höchstes Gut.

Laß mich von dir nicht scheiden,
knüpf' zu, knüpf' zu das Band
der Liebe zwischen beiden;
nimm hin mein Herz zum Pfand,
eia, eia,
nimm hin mein Herz zum Pfand!

Ich danke Euch

Ich möchte mich ganz herzlich bei Euch bedanken – Euch allen, die die Musik lieben, sich ausprobieren und sich mit mir daran erfreuen. All den Musikbegeisterten, ohne die ich all das gar nicht machen würde – denn was wäre ein Auftritt ohne Zuschauer, was wäre ein Notenbuch ohne Musizierende, die die Lieder spielen wollen.

Danke, dass Ihr da seid!

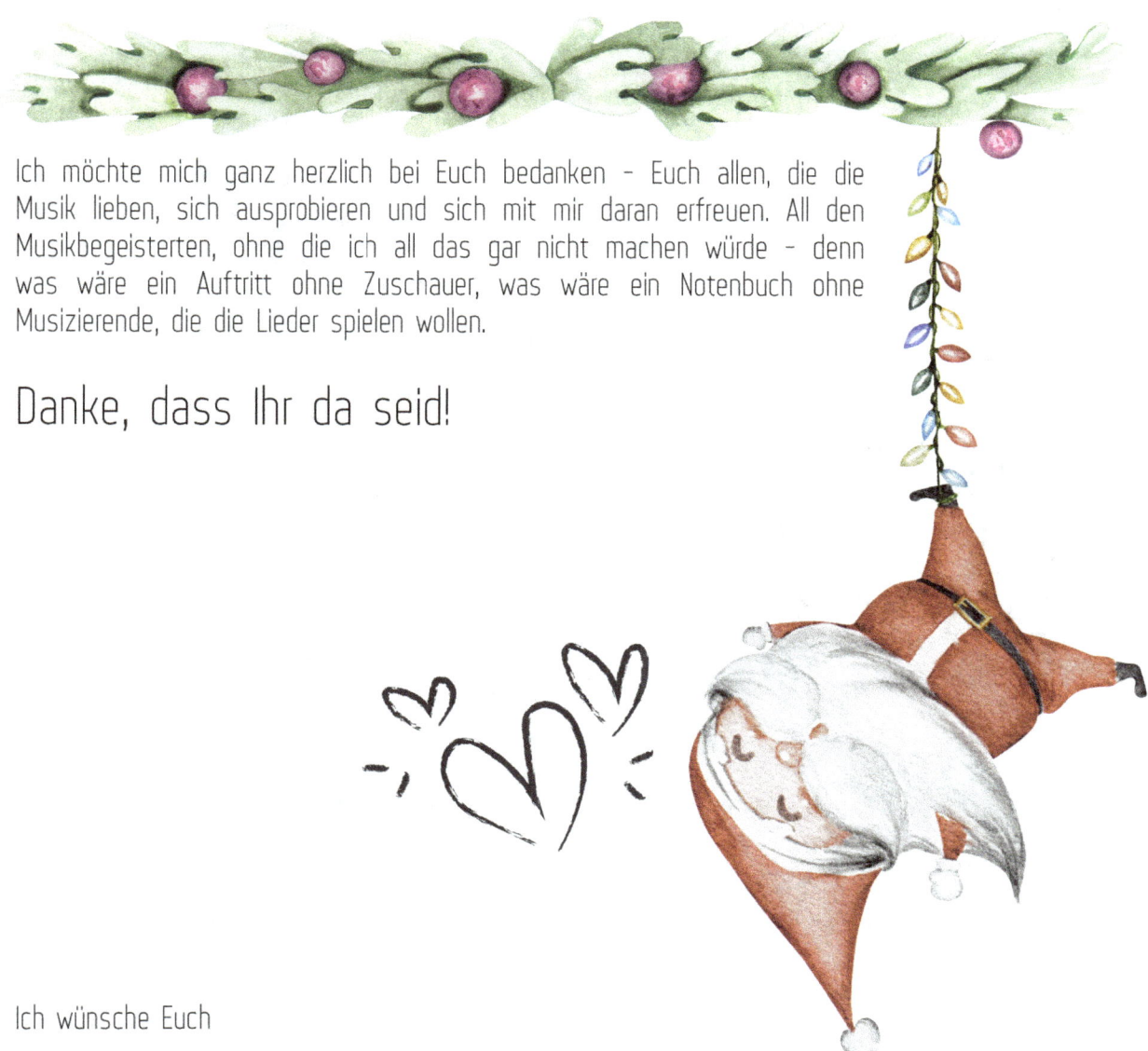

Ich wünsche Euch

ganz wunderschöne und besinnliche Weihnachtstage

feiert schön und lasst es Euch gut gehen! Macht die Welt mit Eurer Musik ein bisschen friedlicher und schöner!

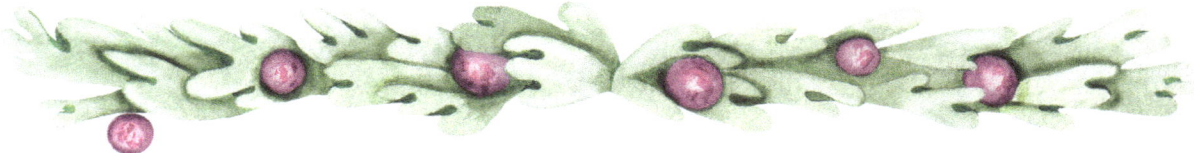

Über mich

"Mein Name ist Claudia Groß und ich bin mit Leib und Seele Sängerin und Musikerin. Seit meiner Kindheit war mir klar, dass das Singen genau das ist, was mich glücklich macht und was ich zum Leben brauche. Aber nicht allein der Gesang macht mich glücklich, es berauscht mich immer wieder aufs Neue, wenn ich Gefühle bei den Zuschauern auslösen kann. Sei es Lachen oder auch Weinen, vor Freude, weil alte Gefühle oder Erinnerungen wieder hochkommen oder vielleicht auch, weil das Lied einfach gerade berührt. Beim Singen zeige ich meine Seele und berühre die Seele des Zuhörers."

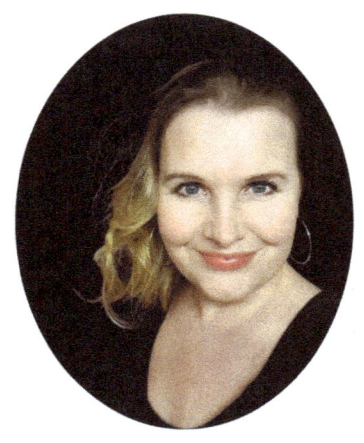

Beruf:	Sängerin
	Komponistin & Arrangeurin
	Chorleiterin
	Dozentin
Hobbies:	Musik, malen, lesen, in der Natur sein, mit meinem Hund spazieren gehen
Sternzeichen:	Widder
Mein Wunsch:	Frieden, mehr Tier- und Umweltschutz

Claudia Groß ist eine klassisch ausgebildete Sängerin, ihr Stimmfach ist das des jugendlich-dramatischen Soprans. Sie genoss ebenfalls eine Ausbildung für Pop- und Musicalgesang.

Als Folge dieser breitgefächerten Ausbildung betätigt sie sich auch als Texterin und Komponistin, sie schreibt als AURALIE eigene Songs, die zum Nachdenken anregen oder einfach Herz und Seele berühren. Für Kinder arbeitet sie an dem Album „Die Schlaubärin" mit lustigen und lehrreichen Liedern unter dem Pseudonym AURALIEKids. Sie ist ebenso als AURALIE Arrangeurin für Instrumentalstücke verschiedenartiger Instrumente. Neben all dem ist sie sehr für die ältere Generation engagiert. Sie leitet verschiedene Seniorenchöre, entwickelte das Projekt „Vergissmichnicht". Seit dem Jahr 2022 ist Claudia Groß als Dozentin in Düsseldorf tätig, sie unterrichtet Auszubildende für den Pflegeberuf über das Thema: "Singen mit Senioren".

Sie fühlt sich in vielen Genres Zuhause, wie Klassik: Oper, Operette und Kunstlied, Pop, Jazz, Musical, Chanson und Volkslied - und bietet eine große Bandbreite an Repertoirestücken. Claudia Groß ist eine gefragte Solistin bei großen Konzerten sowie Initiatorin und Interpretin abwechslungsreicher und fantasievoller (auch szenischer) Konzertprogramme. Sie setzt sich mit Ihrer Musik mit viel Engagement und Ehrenamt für den Frieden, die Umwelt und den Tierschutz ein.